Cordula Hamann

Kunst im Garten

Cordula Hamann

Kunst im Garten

133 Farbfotos
davon 90 Fotografien
von Uwe Mädger

Verlag Eugen Ulmer

Vorwort

Seite 1: Die verschwommenen Reflexionen rühren von runden, leicht versetzt angeordneten Durchbrüchen in den senkrecht stehenden Glasscheiben. Der Titel Lochfraß lässt an den Fraßspur von Insekten denken.

Seite 2/3: Jean Vérame bizarre Steinformationen im Anti-Atlas.

Seite 5: Die Erinnyen von Eva Aeppli stellen mit ihren zerfurchten Gesichtern die negativen Aspekte der Planeten Pluto, Neptun und Uranus dar.

Kunstwerke in Gärten, in Parks oder in offener Landschaft sind den Elementen ausgesetzt: dem Wind und Sturm, dem Regen, dem Schnee oder Hagel, dem Frost und der Wärme der Sonne.

Für viele bedeutende Philosophen der griechischen Antike spielten die Naturelemente eine große Rolle. Sie suchten in ihnen Erklärungen für den Ursprung und die Veränderungen der Welt. Während Heraklit davon ausging, dass alles Seiende aus dem Feuer entstehe und in einem ewigen Kreislauf dorthin zurückkehre, bestand die Welt für Empedokles aus vier unvergänglichen Elementen: Feuer, Wasser, Luft und Erde. Aristoteles fügte diesen als fünftes Element den Äther hinzu, die Himmelsluft. Die chinesische Philosophie und Geomantie kennt darüber hinaus noch die Grundelemente Holz und Metall.

Das Element Erde stellt der Kunst eine Vielfalt von Materialien zur Verfügung: verschiedene Metalle erscheinen in Form von Bronzen, Stahlarbeiten oder Eisengüssen. Glaskunstwerke entstehen aus Silicium, einem der fünf häufigsten chemischen Elemente der Erdkruste. Keramiken verbinden in ihrem Entstehungsprozess die Elemente Feuer, Luft und Erde. Basalt und andere Natursteine haben mit Feuer und Erde zu tun. Marmor entsteht durch Kalkablagerungen oder -ausspülungen im Zusammenwirken von Erde und Wasser unter hohem Druck. Holz ist ein lebendiger Rohstoff, um zu entstehen und zu wachsen braucht er Sonne, Wasser, Luft und Erde.

Skulpturen oder Plastiken müssen im Freien eine gewisse Beständigkeit aufweisen, um der Witterung zu trotzen. Andererseits wird aber Veränderung und Vergänglichkeit als Ausdrucksmittel oft ganz bewusst eingesetzt, man denke nur an die Land-Art. Aus dem natürlichen Material im künstlerisch-kreativen Prozess entstanden und der Witterung ausgeliefert, werden solche Arbeiten den Naturlementen vor Ort ausgesetzt. Dadurch sind sie eingebunden in eine unendliche Folge von Prozessen. Kunstwerke im Freien verändern sich stetig, denn die Naturelemente arbeiten unermüdlich an ihnen weiter.

Inhalt

Ein dunstiger Oktobertag an der Küste von Beachy Head: Nebel liegt über den schroffen weißen Kreidefelsen und den rund gewaschenen schwarzen Steinen.

Kreidefelsformationen an der südenglischen Küste mit dunkelgefärbten Gesteinseinschlüssen.

7

Einführung

Skulpturen und Plastiken standen Jahrzehnte lang im Schatten der Malerei. In diesem Buch möchte ich sie neu beleuchten und in der Umgebung von Landschaft, Park und Garten unter besonderen Aspekten betrachten.

Welche Erfahrungen können Betrachterinnen und Betrachter von Kunst in naturnaher Umgebung machen, die in einem Innenraum nicht möglich sind? Welche Zwiegespräche ergeben sich, wie wirken Umgebung und Kunstwerk aufeinander, welche Erinnerungen werden wach, welche Assoziationen entstehen, welche Stimmungen und Gefühle werden heraufbeschworen?

Auch bei zumeist beständigen Materialien haben die Aspekte der Vergänglichkeit und der Veränderung der Skulpturen eine besondere Bedeutung für ihre Wirkung und Ausstrahlung, wenn sie in einer naturnahen Umgebung ausgestellt werden. Die Materialien von Skulpturen verändern sich beispielsweise durch die Witterung. Unter dem Einfluss von Luft und Wasser setzen Bronzen oder Kupferskulpturen Patina an. Auf der Oberfläche von Eisen bildet sich eine zerfressende, rotbraune Rostschicht, bei Arbeiten aus Corten-Stahl hingegen sind solche Zerfallsspuren nur vorgetäuscht. Stein- oder Holzskulpturen verändern ihre Farben und manchmal ihre Formen oder werden von Flechten und Moosen besiedelt. Sie gehen eine Symbiose mit ihrer lebendigen, veränderlichen Umgebung ein und es entsteht ein angeregter, von beiden Seiten geführter Dialog.

Eine Landschaft oder ein Garten sehen morgen anders aus als gestern oder heute, als in diesem Herbst oder im nächsten Frühjahr. Diese unberechenbare Veränderlichkeit und der scheinbar unbegrenzte Außenraum eröffnen neue Facetten der Wahrnehmung und der Interpretation. Aussage und Ausstrahlung der Kunstwerke werden beeinflusst von Jahres- und Tageszeit, von Sonne, Regen, Licht und Schatten, vom Himmel, dem sie entgegenstreben oder vom Boden, in dem sie fest verankert sind.

Es ist ein lohnendes Experiment, sich einmal von den überkommenen Vorstellungen von Kunst und ihrer üblichen Präsentation zu lösen. Die Wechselbeziehung zwischen Kunst und Natur ist mehr als einen Blick wert.

Wie von übergroßen Sägen zerschnitten wirkt der vom Marmorabbau gezeichnete Berg in Südspanien.

Der Garten als Gesamtkunstwerk

Derek Jarmans Garten

Kurz vor Sonnenuntergang leuchten im Garten vor dem Haus die Blüten der Spornblume besonders.

Der Kiesstrand von Dungeness mit blühendem Meerkohl.

Nur wenige Gärten haben eine so intensive, individuelle und nahe gehende Ausstrahlung wie der kleine Kunst-Garten von Derek Jarman an der südenglischen Küste in Kent.

Die Küste von Dungeness ist nicht das romantische, liebliche und idyllische England, das uns aus gängigen Klischees geläufig ist. Dieser Küstenstrich ist flach, hier gibt es nur Steine und Kies so weit das Auge reicht. Kein Baum schützt vor praller Sonne. Hier und da wächst eine Platterbse. Die zarten Halme der Gräser legen sich im Wind wie ein flirrender Film über die Kiesflächen.

Verrottende Fischerboote und eine rostige Seilwinde liegen am Strand. Kleine niedrige Fischerhütten – einige verlassen, andere als einfache Ferienhäuser zurecht gemacht – trotzen dem Wind, der hier unablässig zu wehen scheint. Die Luft ist aggressiv und salzig. Dies ist ein unwirklicher Ort, trostlos und verlassen, auch wenn noch in kleinem Umfang Fischfang betrieben und der frische Fisch in kleinen Läden gleich vor Ort verkauft wird. Und das Lokal »Pilot Inn« gilt als das beste Fish-and-Chips-Restaurant in der Gegend. Die einzigen Erhebungen zeichnen sich im Hintergrund ab: ein alter Leuchtturm, der besichtigt werden kann, das »Light Railway Café«, hohe Strommasten und das Atomkraftwerk von Dungeness.

In dieser Umgebung verbrachte der Maler, Bildhauer, Bühnenbildner und Filmemacher Derek Jarman die letzten Jahre seines Lebens, bevor er Anfang 1994 an Aids starb. Er fühlte sich angezogen von der Kargheit und Einsamkeit dieser Gegend. Hier, um eine schlichte, schwarz gestrichene Fischerhütte herum, hat er einen Garten geschaffen, der dieser Landschaft gerecht wird, der das Leben in dieser Einöde ausdrückt und für Derek Jarman selbst Therapie und Medizin war. Dieser Garten lebt von Gegensätzen und Widersprüchen. Er erzählt von Leben und Tod, von Liebe und Trauer, von Hoffnung und Vergänglichkeit.

Es ist ein in sich geschlossener, intimer Raum und hat doch keine sichtbaren Grenzen nach außen. Wie eine Insel liegt der kleine Garten in der windumtosten, kargen Kieslandschaft.

11

12

Asketische Pflanzen

Im Schutz des Hauses gedeihen Artischocken und Dünen-Rosen; Treibholz und Lochsteine sind ihre Begleiter.

Das Meer ist immer gegenwärtig, mit seiner aggressiv-salzigen Luft ebenso wie durch das alte Fischerboot, das im Vorgarten steht, umgeben von kratzbürstigem Stechginster, *Ulex europaeus.* Dies ist im wahrsten Sinne des Wortes ein »standortgerechter« Garten, denn alle Kunstwerke und Pflanzen sind mit Dungeness eng verbunden, auch jetzt noch, da sich die Auswahl der Pflanzen in den letzten Jahren vergrößert hat.

Anfangs bestimmte vor allem eine Pflanze das Bild des Gartens ebenso wie das der Kiesstrände: der Meerkohl, *Crambe maritima* – eine niedrige, rund und horstig wachsende Art mit gezähnten, blaugrünen Blättern, die im Frühjahr rötlich-violett austreiben. Im Sommer, wenn ihre unzähligen, winzig kleinen, weißen Blüten erscheinen, wirkt sie wie ein Spiegelbild der Schaumkronen auf den Wellenköpfen. Zum Herbst verwandeln sich die Blüten in erbsengroße, kugelige Früchte.

Das Runde, in sich Geschlossene, ist ein häufiges Formelement in diesem Garten. Man entdeckt es im kreisförmig gepflanzten Stechginster, im Meerkohl oder in anderen graulaubigen Stauden und Halbsträuchern wie der *Santolina chamaecyparissus*, der *Artemisia schmidtiana* oder auch dem Lavendel. Manche der Pflanzen wurden in Form geschnitten, andere werden vom Wind in Form gebracht und niedrig gehalten. Die Wein-Raute *Ruta graveolens* bildet eine blaugrüne Kugel, als würde sie jeden Tag geschnitten. Die geschlossenen Polster der Grasnelke oder der *Santolina rosmarinifolia* mit ihren knopfartigen gelben Blüten erheben sich wie kleine Miniaturhügel über den karg wirkenden Boden. Selbst die Holundersträucher entwickeln nur einen gedrungenen Wuchs, die Schlehen erreichen kaum mehr als einen Meter Höhe. Die Bibernell- und Hundsrosen ducken sich im Wind, nur die Iris und Yucca recken ihre spitzen Blätter empor. Im Schutz des kleinen Häuschens gedeihen silbrig schimmernde Artischocken und die hohe *Crambe cordifolia* kann ihre schaumgleiche Blütenpracht entfalten.

Holzpfähle, Balken und schwingende Metallstangen bilden einen Kontrast zu den runden Pflanzengestalten.

Strandgut

Alte rostrote Metallspiralen erheben sich wie ein schützendes Zelt über die Wolfsmilch.

Leuchtendes Rot in der Abendsonne – drei zarte Mohnblüten umgeben von Heiligenkraut.

Bei seinen Spaziergängen an der Küste sammelte Derek Jarman allerlei skurriles Strandgut. Zur wahren Passion wurden diese Strandspaziergänge, als er später begann, die Fundstücke zur künstlerischen Gestaltung seines Gartens zu verwenden.

Im Lauf der Jahre entstand so um sein Haus herum eine künstlerische Gesamtinstallation, die eine unübersehbare Verwandtschaft zu seinen Arbeiten als Bühnengestalter für Theater oder Tanzperformances zeigt. Auch diese Bühneninstallationen bestanden häufig aus verschiedenartigen Objekten, die wie zufällig zusammengetragen wirken.

Alte Gebrauchsgegenstände der Fischer wie rostige Metallketten, eiserne Federn und Spiralen, vom Salzwasser zerfressene Korkschwimmer, von Sonne und Meer grau verwaschene Holzplanken, Plastikbojen – all das hat Derek Jarman im »informellen Garten« seitlich neben dem Haus in harmonierenden Farben und kontrastreichen Formen kunstvoll arrangiert.

Den von Menschenhand oder von den Elementen Wind und Wasser geformten, gedrungenen Pflanzengestalten hat Derek Jarman geradezu trotzig gegen den Wind aufragende Formen und die unterschiedlichsten Materialien als Kontrast gegenübergestellt. Mannshohe Balken aus ausgebleichtem Treibholz, geschmückt mit einer Kette aus Lochsteinen, nehmen fast menschliche Gestalt an. Wie aufrechte Beobachter wachen sie über den Garten. Dünne Eisenstangen recken sich von dem Boden bis hoch in den Himmel und bewegen sich zart im Wind. Wenn sie sich dabei berühren, werden sie zu Klanginstallationen, ebenso wie zwei Triangel, die leise im Wind klirren.

Mancher Betrachter mag in all den aufrechten Formen eine Phallussymbolik erkennen und in Beziehung zu Derek Jarmans kontroverser Gestalt und seiner Auseinandersetzung mit Gewalt und Homosexualität setzen. Gewiss aber sind die aufragenden Holzbalken, Klang- und Windspiele auch bewusst als Gegensatz zu der flachen, eintönigen Kieslandschaft gesetzt worden, um dem Garten auch die Dimension der Höhe zu verleihen.

Momente zum Innehalten

Ein Sonnenuntergang im Sommer ist hier ein besonderes Erlebnis, der den Garten in ein warmes Licht taucht. Die braun-rostigen Skulpturen leuchten mit dem Rot des Klatschmohns, am violett des Salbeis und dem Weiß des Meerkohls um die Wette. In einem vom Meer rund geschliffenen Glasklumpen blinken die letzten Sonnenstrahlen zurück.

In der Weite dieses Küstenstrichs geht die Sonne ganz langsam unter, statt urplötzlich hinter Häusern oder Bäumen zu verschwinden. Auch die Schatten der Metall- und Holzskulpturen werden wie in Zeitlupe länger. Die Sonne zeichnet bizarre, sich allmählich verändernde Schattenbilder in den Garten. Es ist kein Garten zum Wandeln, sondern zum Innehalten und zum stillen Beobachten.

Dieser Garten zeigt Gefühl und spricht Gefühle an, er lädt zum Nachdenken, vielleicht auch zum Träumen ein. Doch bahnen sich die Realität und auch die Alltäglichkeit immer wieder ihren Weg, nehmen sich ihren Raum und drängen sich in den Garten hinein. Nicht hohe Mauern oder Hecken machen diesen Garten zu einem besonderen Kunst-Raum, sondern die Brüche und Widersprüche zwischen der surrealen und farbenfrohen Gartenwelt und ihrer kargen Umgebung. Bei aller Faszination des Gartens ist es dennoch unmöglich, den profanen Gastank des Nachbarn oder die kahlen Strommasten am Horizont zu ignorieren.

Innerhalb des Gartens haben Alltagsgegenstände, an denen der Zahn der Zeit genagt hat, bei denen Luft, Sonne und Wasser den Prozess der Vergänglichkeit beschleunigten, eine neue Qualität in der Ästhetik gefunden, die sie im Arrangement der Gegenstände zueinander oder in ihrem Dialog mit den Pflanzen entwickelt haben.

Eine alte Kette umschließt am Boden eine zarte *Eschscholzia californica*, ein Schlafmützchen. Einerseits rahmt sie die Pflanze wie ein Bild, andererseits schließt sie ein, hält sie gefangen. Die Zinken einer rostigen Mistforke ragen aus dem Boden und spießen vom Meer ausgehöhlte Steine auf. Die Dimension der Zeit ist in diesem Garten gegenwärtig. Da ist einerseits die Ewigkeit und die Kraft der Naturgewalten, andererseits aber auch das Gefühl des kurzen, vergänglichen und darum kostbaren Moments, wenn sich die Blüten der *Eschscholzia* nach den Sonnenstrahlen des Tages am Abend schließen.

Artemisia schmiegt sich an das Treibholz; die Blätter der Iris zeigen starr nach oben. Lochsteine auf schmalemTreibholz ersetzen die Blüten.

Beschützt oder umzingelt die rostige Kette das Kalifornische Schlafmützchen?

Drachenzähne

»Drachenzähne« umgeben das Kalifornische Schlafmützchen.

Steine strukturieren den formalen Garten vor der Fischerhütte. Sorgsam arrangierte Kreise aus Feuersteinen und Kieseln in unterschiedlichen Größen und Farben, ein zentrales rechteckiges Beet und schnurgerade Alleen von Meerkohl bilden den formalen Rahmen für eine wilde, üppige Bepflanzung mit Kalifornischem Mohn, Spornblumen und verschiedenen Salbei-Arten.

Die vielgestaltigen Steine erzählen von der unermüdlichen, formenden Kraft des Meeres. Einige Installationen bestehen aus mehreren konzentrischen Kreisen. Grauweiße, bis zu 30 cm hohe Feuersteine stehen aufgerichtet und bilden den äußeren Ring. Es folgt ein zweiter Kreis aus etwa faustgroßen Kieseln in mattem Rot oder Anthrazit, und dieser wiederum umschließt einen Ring aus flach liegenden Feuersteinen, der zum Kreismittelpunkt hin in feineren Strandkies übergeht. So sind durch die Verwendung eines Materials in unterschiedlicher Größe faszinierende Strukturen entstanden, die an Land-Art erinnern und in ihren Details am besten im Winter zu erkennen sind. Im Frühjahr und Sommer übernehmen die rosa blühenden Spornblumen und andere Pflanzen das Zepter in diesem Gartenteil, ehe im Herbst die Steine wieder in den Mittelpunkt rücken.

In der Anfangszeit beäugten viele die Entstehung des Gartens voller Misstrauen, weil sie glaubten, dass Derek Jarman einen Hexengarten gegen das Atomkraftwerk plante. Für ihn hatten die Steinkreise mit dem Zauber alter keltischer Kultstätten wie in Stonehenge oder Avebury zu tun, mit Kraftlinien und Energiefeldern. Und er wollte auch seinen eigenen Steinkreisen eine besondere Kraft verleihen. Die aufrecht gestellten Feuersteine waren seine *Drachenwächter* oder *Drachenzähne*, die den Eingang zu Garten und Haus und auch ihn schützen sollten.

Erst auf den zweiten Blick entdeckt man ein altes, rostiges Kreuz neben einer blühenden Iris. Gedanken an Leben und Tod drängen sich unweigerlich auf. Derek Jarman nannte seinen Garten sowohl Eden als auch Gethsemane – er war für ihn das Paradies und gleichzeitig der Ort der Todeserwartung.

Die Meerkohl-Allee steht in voller Blüte.

Ein Garten als Zauberwelt

Auf einem Hügel in der südlichen Toskana blitzen und blinken Sterne am helllichten Tag zwischen den Olivenbäumen; rote und blaue Farbflecken schimmern unerwartet durch das silbrige Laub. Hier verbirgt sich eine farbenfrohe, glitzernde Welt des Zaubers, der Träume und der Märchen. Eine mächtige Mauer aus ockergelbem Naturstein markiert die Grenze zwischen Realität und Traumwelt.

Gut fünfzehn Jahre lang hat Niki de Saint Phalle mit ungeheurer Energie an diesem Projekt gearbeitet. Die Inspiration zu ihrem Garten geht zurück auf eine Reise, die sie 1955 nach Barcelona unternahm. Nachdem sie den von Antoni Gaudí gebauten Parc Güell gesehen hatte, reifte in ihr der Wunsch, selbst einmal einen Vergnügungspark oder Lustgarten zu gestalten. Erst 1980, im Alter von fünfzig Jahren, setzte sie dieses Vorhaben zielstrebig in die Tat um. Freunde stellten ihr das Gelände in Italien zur Verfügung, und was als kleiner Garten begann, wurde im Lauf der Zeit ein großes Werk, vielleicht das Lebenswerk der Künstlerin.

Doch es ist keineswegs ein lärmender, konsumorientierter Freizeitpark entstanden. Märchenhafte, riesengroße Skulpturen prägen die weitläufige Anlage und entführen Kinder und Erwachsene in eine faszinierende Zauberwelt, die trotz der klaren Intentionen der Künstlerin jedem Betrachter beinahe unbegrenzten Spielraum für eigene Interpretationen und Fantasien lässt.

Als übergreifendes Thema für ihren Garten hat Niki de Saint Phalle die 22 Grundkarten des Tarot gewählt. Für sie ist das Tarot nicht nur ein Kartenspiel, sondern birgt Weisheiten und Anregungen, ist eine Allegorie auf die Spielregeln des Lebens. Die persönliche Beschäftigung mit dem Tarot und die künstlerische Umsetzung wurden für sie zu einer Auseinandersetzung mit ihrer eigenen geistigen Welt.

Hinter der großen Mauer tritt man zunächst in eine mediterrane Landschaft mit grau-silbernen Olivenbäumen, Gräsern, Rosmarin, Lavendel, Ginster und Zistrosen. Dann gibt der Weg den Blick auf die monumentalen, farbenprächtigen Skulpturen frei.

Die Sphinx thront im Mittelpunkt des Gartens. Ihre großen Brüste sind auch farblich hervorgehoben. Im Hintergrund der berstende *»Turm von Babel«*.

Runde und geschwungene Formen bestimmen den Arkadenhof. Der Stamm des Olivenbaumes und die stützenden Säulen scheinen in einer Gegenbewegung auseinander zu drängen.

Hohepriesterin, Magier und Eremit

Der Eremit im Schatten des Olivenhains.

Gleich beim Betreten des Tarot-Gartens blickt dem Besucher die *Hohepriesterin* mit einem schwarzen und einem roten Auge entgegen. Sie ist das Symbol für die weibliche Intuition und das Irrationale. Himmelblaue, glasierte Mosaikfliesen bedecken ihr Gesicht, auf der rechten Wange wachsen verschlungene Gebilde, wie irrational kreisende Gedanken. Aus ihrem geöffneten Mund fließt Wasser eine vielstufige Keramiktreppe hinab und sammelt sich in einem Becken. Die Anspielung auf die monumentalen Wassertreppen der italienischen Renaissancegärten ist nicht zu übersehen.

Jean Tinguely, langjähriger Lebenspartner Niki de Saint Phalles, schuf den beweglichen Brunnen, der aus drei rostigen Metallscheiben und dünnen Rohren Wasser versprüht. Er steht für das Rad des Schicksals, das Niki de Saint Phalle als Rad des Lebens interpretiert. Der Brunnen hält das Lebenselement Wasser in ständiger Bewegung und symbolisiert so den ewigen Kreislauf von Aufstieg und Fall, Leben und Tod. Doch vermittelt die Installation keineswegs Melancholie oder Trauer, sondern stellt spielerische Aspekte in den Vordergrund, wie auch der gesamte Garten durch seine runden, üppigen Formen und kräftigen Farben Lebensfreude und Fülle ausdrückt.

Oberhalb der Hohepriesterin erhebt sich der *Magier* mit seinem glänzenden Kopf und einer großen Hand. Die Künstlerin versteht ihn als Symbol für aktive Kreativität und Intelligenz. Dass er auch für Licht und Energie steht, wird unvermittelt spürbar, wenn Sonnenlicht auf ihn fällt. Seine mit Spiegelmosaik bedeckte Gestalt reflektiert das Licht und zaubert unzählige Lichtpunkte auf Pflanzen, Skulpturen und Boden. Diese dreiteilig konzipierte Skulptur aus dem Wasserbecken mit dem Rad des Lebens, der Hohepriesterin und dem Magier ist eingerahmt von Olivenbäumen und mediterranen Sträuchern. Das sanfte Graugrün hebt die kräftigen Farben und turmhohen Fantasiegestalten hervor und haucht ihnen gemeinsam mit den Sonnenstrahlen Leben ein.

Eine Skulptur mit beeindruckender Ausstrahlung ist auch der *Eremit*. Er steht nicht im gleißenden Sonnenlicht, sondern etwas abseits im Schatten von Olivenbäumen. Die Sonnenstrahlen finden trotzdem ihren Weg und lassen den Eremiten hier und da aufleuchten. Der Eremit sorgt an diesem Ort für eine zurückhaltende, fast meditative Atmosphäre. Er ist in seiner Form einfach und klar, steht nicht in Konkurrenz mit anderen Farben oder Formen, sondern bildet in dieser schlichten, grünschattigen Umgebung aus Olivenbäumen und wenigen Sträuchern den Mittelpunkt seines eigenen Mikrokosmos innerhalb des Tarot-Gartens.

Das *Rad des Schicksals* von Jean Tinguely als sprühendes Wasserspiel, darüber erheben sich die Hohepriesterin und der verspiegelte Magier.

Ihre Hoheit, die Sphinx

Das »Innenleben« der Sphinx.

Auf dem Rücken der Sphinx liegt ein blauer Sternenschleier; im Vordergrund befindet sich das Schloss des Kaisers mit seinem Arkadengang (oben).

Die Karte des Mondes ist als filigranes Profil einer Frau dargestellt (unten).

Das strahlende Zentrum des Tarot-Gartens bildet die *Kaiserin*, die in Gestalt einer übergroßen Sphinx raumgreifend im Garten thront. Mit ihrem schwarzen Gesicht, ihrer roten Krone und den übergroßen, bunten Brüsten wirkt sie wie eine mächtige Frau. Der Löwenleib tritt in den Hintergrund, nur ihre riesigen, bunten Pranken erinnern daran, dass sie ein Fabelwesen ist. Wie eine Beute oder einen kostbaren Schatz bewacht sie den Olivenbaum, der zwischen den Zehen einer ihrer Pranken wächst.

Im alten Ägypten war die Sphinx Symbol von Macht und Herrschaft, in der griechischen Mythologie Hüterin eines Geheimnisses, die jeden tötete, der sich an seiner Lösung versuchte, aber daran scheiterte. Im Tarot-Garten hat die Sphinx alles Bedrohliche verloren. Selbstbewusst nimmt sie einen großen Raum ein, doch ist sie nahbar, von innen und außen begehbar und insofern auch bereit, ihr Geheimnis zu lüften.

Das Innere des Löwenleibes ist ein großer, vollständig mit Spiegelmosaik ausgekleideter Saal. Die Spiegelfragmente reflektieren ein gebrochenes Bild des Innenraums und der Besucher, die mit Zerrbildern und verwirrenden, ungewohnten Perspektiven konfrontiert werden.

Die *Kaiserin* ist nicht nur das räumliche Zentrum des Gartens. Schon während der Bauzeit war sie ein wichtiger Treffpunkt für Mitarbeiterinnen und Mitarbeiter. Hier wurde gegessen und getrunken, hier wurden Arbeitsbesprechungen abgehalten, und Niki de Saint Phalle konnte sich bei ihren männlichen Mitarbeitern als Architektin dieses Gartens wohl nicht zuletzt deshalb so erfolgreich durchsetzen, weil sie als Hausherrin der Sphinx auch die Rolle der Gastgeberin und der italienischen »mama« übernahm.

Die ur-mütterliche Ausstrahlung dieser Riesenfrau veranlasste Niki de Saint Phalle, sich in der einen Brust ihr Schlafzimmer einzurichten, darunter das Bad und in der anderen Brust die Küche. Kreisrunde Fenster in den Brustwarzen lassen das Tageslicht herein und ermöglichen Ausblicke in den Garten.

In Niki de Saint Phalles Interpretation der Tarot-Karten hat die Kaiserin auch den Namen »Himmelsgöttin« bekommen. Ihr Haar oder ihre Schleppe aus zahllosen blauen Spiegelglasmosaiken breitet sich über den begehbaren Löwenrücken, der mit zahllosen Sternen übersät ist. Hat man den Rücken erklommen, findet man geschützte Sitzplätze und Nischen zum Ausruhen: zu den Füßen die Sterne, über sich den Himmel und die Sonne, neben sich eine Mondskulptur mit unverkennbar weiblichen Zügen.

Das Schloss des Kaisers

Der Hof des Schlosses mit seinen verzierten Säulen, dem runden Brunnen und unzähligen Lichtpunkten am Boden.

Die verspielten und heiteren Säulen rahmen das Mosaik eines verwundeten Nashorns.

Eine zweite zentrale Gestalt im Tarot-Garten ist der *Kaiser* mit seinem Schloss. Der Herrscher symbolisiert Patriarchat und männliche Macht, steht im positiven Sinn für den Fortschritt in Naturwissenschaften und Medizin und im negativen Sinn – verdeutlicht durch eine rote Rakete – für Krieg und Waffengewalt, Eroberung, Protektionismus und Kontrolle.

Neben dem hohen, mit farbigen Keramiken verzierten Kopf des Kaisers ragt ein noch höherer Turm mit einer goldenen Kuppel auf. Aus erhabener Position überwacht der Kaiser sein Schloss, einen Arkadenhof, der mit seinen 22 Stützen der dorischen Säulenhalle und der Wandelterrasse im Parc Güell nachempfunden ist. Nirgends wird die Inspiration, die Niki de Saint Phalle aus Gaudís Architektur in Barcelona schöpfte, so deutlich wie hier.

Neben ihrem Faible für große, monumentale Figuren zeigt sich im Schloss des Kaisers auch Niki de Saint Phalles außerordentliche Liebe zum Detail. Die Oberflächen aller 22 Stützen des Arkadenhofes sind unterschiedlich gestaltet. Auf der einen scheinen unzählige Bonbons zu kleben, eine andere ist mit skurrilen, lachenden Totenköpfen versehen. Eine dritte zeigt Keramikfliesen mit schwarzen und weißen Ausrufezeichen, als würden urplötzlich auftauchende Fragen ebenso unvermittelt beantwortet.

Dieses Schloss ist nicht nur ein Erlebnis für die Augen, sondern auch für den Tastsinn. Viele Säulen laden dazu ein, sie zu berühren. Da gibt es unzählige spitze, rote Hörner oder eigentümliche, reliefartige Erhebungen in Form von Würfeln, Pyramiden oder Ovalen.

Die 22 Arkaden tragen in der Höhe eine schmale, geschwungene Galerie. Die Brüstungen sind mit vielfarbigen Keramikmosaiken geschmückt, für die offenkundig die Bänke der Wandelterrasse von Gaudí Pate gestanden haben.

Betrachtet man die Anlage von oben, scheinen im Schlossgarten runde Formelemente vorzuherrschen. Da sind die zahlreichen Kronen der Olivenbäume mit ihren kreisrunden Baumscheiben, etwas weiter entfernt entdeckt man einen runden Brunnen mit vier auf dem Rücken liegenden, üppigen Frauenkörpern, der übersprudelnd Wasser und Lebensfreude verbreitet. Die Gesichter der Frauen sind grün, gelb, rosa und schwarz. Niki de Saint Phalle hat, um ihre Identifikation mit Außenseitern zu dokumentieren, viele schwarze Frauenfiguren erschaffen.

Die Entstehung der Giganten

Der mächtige Rücken des Magiers: Es scheint, als ob die Olivenbäume aus der Fantasiegestalt herauswachsen.

Der schimmernde Drache am Eingang des Parks führt in eine Märchenwelt.

Niki de Saint Phalle fertigte für ihre 22 Tarotfiguren ursprünglich nur kleine Modelle an. Die Umsetzung der Modelle in überdimensionale Kreaturen übernahm weitgehend ihr Lebenspartner Jean Tinguely. Mehrere Meter hohe Grundgerüste aus Eisenstäben und Draht wurden zusammengeschweißt, mit Zementguss überzogen und geglättet. In der letzten Phase wurden Farben und Verzierungen angebracht, die hauptsächlich aus drei Materialien bestehen: Keramik, Spiegel und Glas. Einige Keramikelemente wurden direkt auf den Skulpturen geformt, vorsichtig wieder abgenommen und erst dann gebrannt und glasiert. Da der Ton während des Brennvorgangs schrumpft, entstanden Zwischenräume, die mit farbigen Glasstücken ausgefüllt wurden.

In Deutschland wurde Niki de Saint Phalle durch ihre lebensfreudigen Nanas bekannt, und die mächtigen Frauenfiguren des Tarot-Gartens gehören zweifellos zur gleichen Familie.

Das Tarot wird auch als Spiegel der Seele bezeichnet, und so scheint es folgerichtig, dass Niki de Saint Phalle zahlreiche Skulpturen mit Spiegelmosaiken verzierte. Zum einen heißt es, dass Spiegel durch ihre Reflexion böse Mächte fern halten, zum anderen gewinnen die Figuren durch die Spiegel eine besondere Lebendigkeit. Sie verändern sich mit dem Licht, spiegeln Betrachter und Umgebung und fangen immer wieder überraschende Details ein – hier das Laub eines Olivenbaumes, dort die Nadeln der Zypressen. Weil die Spiegelmosaiken unregelmäßige Körper bedecken, reflektieren sie nur kleine Ausschnitte, die sich verändern, wenn die Betrachter ihren Standort wechseln. So ergeben sich immer wieder neue Effekte und Eindrücke.

Niki de Saint Phalle hat mit ihren monumentalen Figuren einen Garten wie aus einem Zaubermärchen geschaffen. Die bunten Fantasiegestalten begeistern nicht nur Kinder und Erwachsene, sie treten auch in einen Dialog mit der umgebenden Natur. Es war der Künstlerin ein Anliegen, möglichst viele Bäume und Sträucher zu erhalten und verloren gegangene Pflanzen zu ergänzen. Die unspektakuläre Flora bildet einen dezenten, wirkungsvollen Rahmen für die Kunstwerke. Der natürlich und bodenständig wirkende Olivenhain lässt Fantasiewelt und Realität miteinander verschmelzen. Die Figuren trotzen nicht den Elementen, denen sie ausgesetzt sind, sondern sie spielen mit ihnen. Die Elemente Erde, Holz, Metall und Glas werden durch die Sonne zum Leben erweckt.

Steine und gedrehte Säulen

Die Stämme der Pinien und Palmen nehmen die Gegenbewegung zu den schräg gestellten Natursteinstützen ein.

Im Sonnenlicht wirken die Natursteinsäulen besonders hell. Die durchbrochene Balkonbrüstung lässt die Erinnerung an pompöse Leuchter wach werden.

Antoni Gaudí zählt unbestritten zu den mutigsten, kreativsten und fantasievollsten Künstlern und Architekten des 20. Jahrhunderts. Seine Bauten im Stil des Modernisme prägen vor allem das Gesicht der Stadt Barcelona.

Eines seiner bedeutendsten Projekte ist der *Parc Güell*, der in den Jahren 1900 bis 1914 entstand und der mit zahlreichen Mosaiken und formenreichen Natursteinarbeiten fasziniert. Im mediterranen Sonnenlicht erstrahlen Säulen, Arkadengänge, Steinbänke und Balkone in warmem Honiggelb.

Um dem Druck, der auf ihnen lastet, widerstehen zu können, stehen die Säulen in einem relativ schrägen Winkel und winden sich zudem spiralförmig in die Höhe. Schaut man sie länger an, meint man, eine nicht enden wollende Drehbewegung wahrzunehmen.

Die Stämme einiger Palmen und Pinien korrespondieren genau mit diesen Säulen. Sie stehen ebenso schräg, scheinen lediglich noch ein bisschen höher in den Himmel zu wachsen. Das Muster, das ihren schlanken Stamm ziert, ähnelt dem der Natursteinsäulen. Selbst die Anordnung der Palmwedel findet sich in den Spiralen der Säulen wieder. Florale Details sind typisch für Gaudís künstlerischen Stil, und auch hier scheint er seine Modelle genau studiert und ihre Charakteristika in seiner Architektur umgesetzt zu haben.

Diese Säulen haben einen überraschend geringen Durchmesser. Das rührt daher, dass Gaudí sich intensiv mit leichten Konstruktionen beschäftigte, um größere, luftige Räume zu schaffen. Dabei war für ihn einerseits die Gotik ein inspirierendes Feld, andererseits hat er sich immer wieder organisch gewachsene Strukturen in der Natur zum Vorbild genommen.

In Anlehnung an die Säulenbauten der Antike ist eine große Säulenhalle in einer schlichten, massiven und exakt senkrechten Form entstanden. Nur der Säulenhimmel ist mit runden, bunten Mosaiken verziert. Diese dorischen Säulen sind nicht der Natur abgeschaut, sie sind ein architektonisches Projekt. Aber in dem Zusammenspiel der verschiedenen Gestaltungsideen ist auch eine Synthese von Architektur und Natur entstanden.

Auf dem Dach der offenen Halle befindet sich eine große Terrasse mit geschwungenen Rändern, farbenprächtigen Mosaiken und einem atemberaubenden Ausblick über den Park und die ganze Stadt bis hinunter zum Meer. Und hier hat Niki de Saint Phalle die Inspiration zu ihrem Tarot-Garten gefunden.

Irrwege

Von einem erhöhten Standpunkt aus entdeckt man das Geheimnis hinter den Mauern, ein Labyrinth.

In der Toskana liegt unweit von Pistoia die Fattoria di Celle, in deren Park Skulpturen namhafter, internationaler Künstler und Künstlerinnen versammelt sind. Giuliano Gori begann Anfang der achtziger Jahre des vorigen Jahrhunderts damit, Künstler einzuladen. Er beauftragte sie, für den romantischen Park Kunstwerke zu gestalten, die allerdings die historische Gartenanlage und ihre Bepflanzung berücksichtigen mussten. Die Künstlerinnen und Künstler sollten den Garten nicht als bloßen Raum nutzen, sondern sich von ihm inspirieren lassen. So entstanden ortsspezifische Kunstwerke, die eine einzigartige Interaktion mit dem idealisierten Gartenraum eingehen.

Labyrinthe oder Irrgärten spielen seit Urzeiten eine Rolle in der Mythologie. Im Inneren der ägyptischen Pyramiden befinden sich verwirrende Wegführungen. In der griechischen Sage findet Theseus den Weg im Labyrinth des Minotaurus mit Hilfe des Garnknäuels, das Ariadne ihm gab.

Im Park der Fattoria di Celle hat Robert Morris ein marmornes *Labyrinth* gebaut. Es ist eine Hommage an die Baukunst der Toskana, denn als Baumaterial wählte der Künstler den gleichen grünen und weißen Marmor, der für verschiedene Kirchen in Siena und Florenz verwendet wurde.

Wenn man das Labyrinth betritt, verhindern zwei Meter hohe Mauern jegliche Orientierung am Außenraum. Neigungen der Bodenfläche führen zu einer weiteren Desorientierung. Doch die Verwirrung beginnt eigentlich schon mit der ersten Betrachtung aus der Ferne. Das Labyrinth wirkt von außen zunächst wie ein vierseitiger Raum, klar und modern in seiner Gliederung. Man bewegt sich durch eine vorgegebene Wegführung vorwärts und hält plötzlich verdutzt vor einer geschlossenen Mauer inne. Es bleibt nichts anderes übrig, als den gleichen Weg zurückzugehen.

Betrachtet man das Labyrinth aus einiger Entfernung von einem erhöhten Standpunkt aus, erkennt man es plötzlich als Körper mit einer dreieckigen Grundfläche. Und genauso verblüffend ist die Entdeckung, dass die den Weg abschneidende Mauer sich nur vermeintlich am Ziel im Zentrum des Labyrinths befindet. Die irritierende, geneigte Wegführung hat diesen Eindruck nur vorgegaukelt. Statt dessen befindet sich die Mauersperre in unmittelbarer Nähe des Eingangs zum Labyrinth. Sie wird zum Sinnbild der Erfahrung, dass wir uns häufig verlaufen und zum Anfang zurückkehren müssen, um einen neuen Versuch zu unternehmen.

Der doppelte Turm

Streng geometrische Formen sind charakteristisch für die Skulpturen von Erwin Heerich.

Seit 1982 ist auf der Museumsinsel Hombroich ein interessanter Treffpunkt der Künste verschiedener Länder und Epochen entstanden. Nicht nur die zahlreichen Pavillons und Museumsgebäude beherbergen eine großartige Kunstsammlung, vielmehr ist der gesamte Ort zu einem Zentrum für Kunst und Künstler der unterschiedlichsten Stilrichtungen geworden. Die Insel ist ein gehegter und gepflegter Kulturraum, ein Lebens-, Arbeits- und Wohnraum für Kunst Schaffende sowie ein anziehender Ort für Besucher und Besucherinnen.

Besonders prägend für die Insel sind die Arbeiten des Künstlers Erwin Heerich, der viele der neuen Gebäude geplant hat. Seine Bauten zeichnen sich durch eine kompromisslose Geradlinigkeit und Schlichtheit aus und bilden einen reizvollen Gegensatz zu der vielgestaltigen Umgebung des Parks und der rekultivierten Auenlandschaft.

Mit dem Turm von Erwin Heerich beginnt der Rundgang auf der Museumsinsel; geöffnete Türen ermöglichen Ausblicke in die Landschaft.

Schon aus der Ferne wird der Besucher durch den *doppelten Turm* auf das Kunsterlebnis eingestimmt. Der Bau, der sich über die flache, von blühenden Wiesen umgebene Erftaue erhebt, entstand in den späten achtziger Jahren des vorigen Jahrhunderts und ist eine begehbare Skulptur. Die Türen an allen vier Seiten des Turmes sind geöffnet und lassen Ein- und Ausblicke zu. Ein Rundweg, der dieses Gebäude umgibt, verführt dazu, den Turm auch tatsächlich durch alle vier Türen zu betreten und zu verlassen. Dabei ergeben sich immer wieder neue Eindrücke, wenn die Türöffnungen den Blick auf Ausschnitte der umgebenden Landschaft frei geben oder eine knorrige Kopfweide eingerahmt wird. Der Turm selbst ist leer, wird aber durch diese Bildervielfalt facettenreich gefüllt. Obwohl er keine Fenster hat, wirkt er leicht, denn man kann in jeder Richtung durch ihn hindurch sehen. Durch die geöffneten Türen und durch zwei quadratische Oberlichter, die wiederum in kleine Quadrate unterteilt sind, fällt das Licht in den weißen Innenraum.

Die geometrischen Formen von Quadrat und Rechteck sowie deren räumliche Spielarten Würfel und Quader sind ein wiederkehrendes Element in der Plastik und Architektur Erwin Heerichs. Obwohl vom Wesen her kompakt, verlieren diese Formelemente im Inneren des Turms ihre Strenge durch die verschiedenen Deckenhöhen und durch schmale, hohe Säulen, auf denen die unterschiedlichen Dachebenen ruhen. Licht und Bilder aus dem Außenraum treten in das Turminnere und verleihen ihm dadurch eine unerwartete Leichtigkeit.

Steine in der Landschaft

Abgrenzung und Eingrenzung

Der Künstler Anatol Herzfeld lebt und arbeitet auf dem Gelände der Museumsinsel Hombroich. Eine alte Scheune wurde nach seinen Vorstellungen umgebaut, und rings um dieses Gebäude hat er mit Metallplastiken und gewaltigen Findlingen eine ganz eigene Welt geschaffen.

Ein großer Steinkreis umschließt schützend eine Eiche und rückt sie in den Mittelpunkt der Aufmerksamkeit, obwohl sie nicht genau im Zentrum des Kreises steht. Assoziationen mit alten Kultstätten werden wach – nur ist der Baum noch viel zu jung. Um so notwendiger erscheint es, ihn zu schützen und in aller Ruhe zu stattlicher Größe heranwachsen zu lassen. Herzfeld nannte dieses Werk: *Die Kirche Arbeitszeit.*

Der größte, schräg aufrecht stehende Findling markiert den Zugang zu diesem Platz. Das Gras am Eingang und rings um den Steinkreis ist abgetreten – ganz offensichtlich ist es ein viel besuchter Ort. Die Kreisform fordert geradezu heraus, ihn zu umrunden, um zunächst einmal von außen herauszufinden, was es mit diesem Platz auf sich hat.

Er erinnert an einen alten Thing-Platz, an einen Ort, an dem man sich versammelt und in der Runde diskutiert. Doch strahlt die Anordnung auch Geschlossenheit und Abgrenzung aus: Sie lädt ein, sich den Kreis zunächst von außen in ruhiger Meditation zu erwandern. Dieser Findlingskreis hat etwas Magisches, es ist ein Ort der Erkenntnis und der Entscheidungen, ein Ort der intensiven Kommunikation mit anderen oder auch mit sich selbst. Eine Dualität wird deutlich, wenn man sich bewusst macht, dass es innerhalb und außerhalb des Steinkreises stets die entgegengesetzten Möglichkeiten des stillen Beobachtens und der aktiven Mitwirkung gibt.

Obwohl dieser Kreis merkwürdig unberührt und verlassen wirkt, wurde er ganz offensichtlich von Menschen angelegt. Auch auf der Oberfläche der Findlinge sind Spuren von Menschen zu finden. Sie wirken wie steinzeitliche Gravuren, wie Versuche, ein Lebenszeichen zu hinterlassen und sich mitzuteilen.

Eine weitere Gruppe von Findlingen unter einer blühenden Kastanie lässt an ein ungezwungenes Grüppchen denken, das von Weitem das Geschehen beobachtet.

In einer runden, polierten Vertiefung eines Findlings fängt sich ein Sonnenstrahl, der durch das dichte Laubdach der Kastanie seinen Weg fand.

Der Findlingskreis umschließt die zweistämmige Eiche. Auf einem der vorderen Steine sind Gravuren zu erkennen.

In der polierten Höhlung fängt sich das Sonnenlicht; das Laubdach der umgebenden Bäume zeichnet Licht- und Schattenbilder.

Prozesse einer Landschaft

Die weißen alb-eier reflektieren das Sonnenlicht.

Schon von weitem leuchten weiße Punkte auf einer leichten Erhebung im satt grünen Gras auf der Schopflocher Alb. Sie sind überdacht von einer allein stehenden, mächtigen Eiche, die schon durch ihre Stellung einen erhabenen Eindruck vermittelt. Im Näherkommen entpuppen sich die weißen Punkte als überdimensionale Eier, die in kleinen Gruppen zu Füßen der Eiche liegen und durch den Größenkontrast den Umfang der Baumkrone um so mehr betonen. Unwillkürlich drängt sich die Assoziation mit dem Gelege eines Dinosauriers auf.

Die glatte Oberfläche der *alb-eier* von Renate Hoffleit, die im Rahmen der Skulpturen-Ausstellung »Der Große Alb-Gang« zu sehen waren, reflektiert an freundlichen Tagen das Sonnenlicht und leuchtet dem Besucher selbst über eine große Entfernung entgegen. Doch auch ohne direkte Sonneneinstrahlung besitzen diese 38 in ihrer Form identischen Eier eine erstaunliche Leuchtkraft.

Anliegen der Künstlerin war es, nachdrücklich auf einen natürlichen, diese Region bedrohenden Prozess aufmerksam zu machen. Die Eier sind geformt aus dem örtlichen Jura-Splitt, Jura-Sand und Weißzement, und jedes einzelne von ihnen steht für das Volumen der Kalkauswaschungen, die in einer Minute auf der Schwäbischen Alb vor sich gehen. Ursprünglich war geplant, den Zeitraum von einer Stunde durch 60 Eier zu versinnbildlichen. Es ist ein sehr ortsbezogenes Kunstwerk, inspiriert von den landschaftlichen Veränderungen und platziert an einem Ort, der durch die vorhandene Eiche ein markanter Blickpunkt ist und die Aufmerksamkeit auf sich zieht.

Die Künstlerin hat versucht, einen natürlichen Prozess sichtbar zu machen, der sich täglich in dieser Landschaft vollzieht und zu Höhlungen und Absackungen führt. Diese unaufhaltsamen Veränderungen der Schwäbischen Alb werden durch Renate Hoffleits *alb-eier* nicht nur visuell konkretisiert, sondern im wahrsten Sinne des Wortes greifbar, indem sie nicht die Leere von Höhlungen darstellt, sondern statt dessen Raum füllende Körper geschaffen hat. So gelingt es ihr, einen sonst nur über lange Zeiträume hinweg wahrnehmbaren Prozess auch für den kurzen Augenblick des Betrachtens Gestalt annehmen zu lassen.

Die *alb-eier* laden zur Rast ein.

Steinerne Schiffe

Unweit der südenglischen Stadt Chichester liegt das Anwesen Goodwood. Am Rande des dortigen Parks, der im Laufe der Jahre zu einer Skulpturengalerie für zeitgenössische englische Bildhauerinnen und Bildhauer geworden ist, hat Stephen Cox für seine Granitplastik einen Platz gefunden, der einen weiten Blick über die Landschaft erlaubt und ahnen lässt, dass die englische Kanalküste nah, wenngleich auch nicht sichtbar ist.

Nicht nur der Standort der Plastik vermittelt diese Ahnung, sondern auch das Thema, das Stephen Cox für seine Granitinstallation gewählt hat. Auf hohen, hellgrauen Granitstelen, die in mehreren Reihen aufgestellt sind, liegen schwarze Steinboote. Die Inspiration zu dieser Plastik rührt von einem längeren Aufenthalt des Künstlers in Indien her. Er war fasziniert von der Konstruktion der traditionellen, einfachen Holzboote, die dort in der Fischerei genutzt werden. Einzelne Holzplanken werden in Form gebracht und dann mit nichts als Seilen zu tragfähigen Rümpfen zusammengebunden.

Auf die gleiche Weise hat Stephen Cox seine *Granite Catamarans on a Granite Wave* erschaffen. Er wählte schwarze Granitstelen, die er nach den Bauprinzipien der primitiven Fischerboote bearbeitete und auch zusammenband. Diese Bootsrümpfe werden von hellgrauen Granitstelen getragen. Sie sind in mehreren Reihen und unterschiedlichen Höhen aufgestellt, sodass der Eindruck bewegten Wassers entsteht. Ein angesichts des schweren Gesteins überraschend lebendiges Meer trägt die Boote und lässt sie auf und nieder steigen.

Die vertikalen Linien der fast fünfzig Granitsäulen korrespondieren mit den aufrechten Baumstämmen eines kleinen Waldes in der Ferne. Die leichte Anhöhe, auf der die Installation steht, suggeriert hohe Wellen, Bewegung zwischen Wasser und Himmel. Besonders intensiv ist dieser Eindruck, wenn man diese große Installation aus der Ferne betrachtet. Trotz der Schwere des Materials scheinen die Boote mit einer überraschenden Leichtigkeit auf den Stelen zu schwimmen. Vor dem Blau des Himmels und den weißen Wolken, die an die Gischt hoher Wellen denken lassen, meint man fast, sie auf den Wellen auf und ab tanzen zu sehen.

Hohe, hellgraue Granitstelen tragen die schwarzen, zu Booten zusammengebundenen »Granitplanken«.

Auf einer Lichtung am Ende des Parks scheinen die zu Wellen formierten Granitstelen die Boote davonzutragen.

Vielschichtige Pyramide

An der gleichmäßig geschichteten Pyramide sind die zahlreichen Farbnuancen des Schiefers zu erkennen.

Manche Orte oder Landschaften haben offenbar eine besondere Atmosphäre und Anziehungskraft. Zu diesen gehört Worpswede im norddeutschen Teufelsmoor, das in der Vergangenheit Künstler wie Heinrich Vogeler, Otto Modersohn, Paula Modersohn-Becker und viele andere zu seinen Bewohnern zählte. Auch heute ist Worpswede ein lebendiger Künstlerort.

Im Rahmen der Expo 2000 fanden in und um Worpswede vielfältige Veranstaltungen zum Thema *Sehnsucht nach Landschaft* statt. Eine trug den Namen *Fundorte – Landschaftsvisionen* und widmete sich besonders der Annäherung von Kunst und Landschaft und dem Experiment, den Naturraum als Ausstellungsraum zu nutzen.

In diesem Kontext war auch die dreiseitige Schieferpyramide von Marion Samel zu sehen. Vom Gipfel des Weyerbergs, der als höchste Erhebung der Region wie eine Kuppel aus der flachen Landschaft ragt, hat man einen weiten Blick über Felder, Wiesen und einen Wald bis auf die dahinter liegende, karge Moorlandschaft.

Unterhalb dieser Hügelkuppe bilden drei sich kreuzende Wege eine dreieckige Wiese. Mitten darauf steht die Plastik, die von weither sichtbar ist – ganz gleich, aus welcher Richtung man sich ihr nähert. Je nach Perspektive begegnen oder trennen sich die Wege hier. Die untypische Dreiecksform macht somit die eigentlich ganz profane Wiese zu einem Ort der Entscheidung. Durch seine Platzierung greift der geschichtete Tetraeder dieses Thema auf, konkretisiert es, macht es dem Betrachter bewusst.

Die räumliche Form der dreiseitigen Pyramide lehnt sich an den Landschaftsverlauf der Hügelkuppe mit ihren Ausläufern an, die Spitze des geschichteten Körpers korrespondiert mit der Kuppe des Berges. Der Weyerberg gibt sein Inneres nicht preis, im Gegensatz dazu präsentiert die Steinschichtung ganz ungeniert ihren Aufbau und ihre Zusammensetzung aus einem für diese Landschaft fremden Stein. Die langgestreckte Pyramide zeigt die schlichte Schönheit flacher Schiefertafeln mit ihren Rissen und Schichten. Durch die räumliche, geordnete Form treten die Flächen und Kanten der aufgetürmten Dreiecke mit den verschiedenen Farbnuancen des Schiefers durch Licht und Schatten besonders markant hervor.

Grenzsteine

In der sanft hügeligen Landschaft des Saargaus, im Dreiländereck von Saarland, Lothringen und Luxemburg, direkt an der Grenze zwischen Frankreich und Deutschland, erheben sich mehr als zwanzig Steinskulpturen. Sie sind umgeben von Getreidefeldern, Trockenrasen, sanft eingeschnittenen Tälern und alten Streuobstwiesen. Der alte Weg zwischen den beiden Ländern ist mit verwitterten Grenzsteinen markiert, in denen die Jahreszahl 1830 eingemeißelt ist. Die großen Steinskulpturen entlang des Weges verwischen die Grenze. Durch ihre Form, aber vor allem durch ihre Standortwahl, wechselweise auf deutschem und französischem Boden, fordern sie den Betrachter auf, die Grenze immer wieder zu überschreiten und Grenzen zu hinterfragen.

Der Wunsch nach Verständigung und Dialog wird in dieser Grenzlage durch die Skulpturen gezeigt. In diesem Sinne wird der Ort auch genutzt.

Die meist megalithischen Kunstwerke, Zeugnis internationaler Bildhauersymposien, setzen sich mit der Landschaft und der Grenzlage auseinander. Kein Ort scheint passender zu sein, um diese Figuren aufzunehmen, als dieses Gelände im Saargau. Das ist nicht verwunderlich, schließlich entstanden sie in dieser Landschaft, für diese Grenzlage.

Der Bildhauer Hiroshi Mikami hat ein fast fünf Meter hohes Tor aus Pfälzer Sandstein geschaffen. Es wirkt wie eine Einladung in ein fremdes Gebiet, über eine Grenze hinweg. Die Formation aus drei mächtigen Sandsteinblöcke erinnert an ein antikes Eingangstor. Die beiden senkrecht stehenden Stützen tragen einen dritten, waagerechten Steinblock, durch den ein abgeschlossener Raum entsteht. Zur waagerechten und senkrechten Linienführung an der Skulptur kommt das Spiel mit Dreiecken hinzu, das Mikami vielfältig variiert.

Die Dreiecke tragen eine ganz unterschiedliche Bedeutungen, sie sind ein Versuch, das Leben zu erklären: Ein Dreieck, das auf seiner Grundfläche liegt und mit seiner Spitze nach oben zeigt, bedeutet für ihn Zerstörung und Feuer. Umgekehrt, auf der Spitze tanzend, symbolisiert das Dreieck Schöpfung und Wasser. Mikami hat die Innenseite der Stützen so bearbeitet, dass die verschiedenen Dreiecksformen ineinander übergehen. Das Muster wirbelt wie eine rotierende Fläche an demjenigen vorbei, der das Tor durchschreitet: Unerwartet elastisch wirkt der steinerne Raum, er verengt und weitet sich.

Hiroshi Mikami hat zwei japanische Schriften in das Tor gemeißelt. An der Stirnseite ist zu lesen »*Blume blüht Blume welkt*«. Dem Himmel zugewandt –unerreichbar für den Betrachter – steht: »*Darüber Himmel Darunter Nichts Grenze*«.

In dem Tor, den Blick auf die Obstbäume gerichtet, erkennt man ein auf der Spitze stehendes Dreieck, ein Symbol für Wasser und Schöpfung.

Weiße Kalkspirale

Die Spirale aus weißem Kalkstein erhält ihre besondere Tiefe durch den dunklen Seetang.

Die Steilküste von Beachy Head mit den sieben Hügelkuppen der »Seven Sisters« ist eine beeindruckende Landschaftsformation der britischen Küste. Doch Wind und Brandung tragen immer mehr von dem hohen Kreideufer ab, das vor allem in den Wintermonaten durch Regen zusätzlich geschwächt wird. Sogar der Leuchtturm musste schon versetzt werden, um ihn vor einem möglichen Erdrutsch zu bewahren.

Oberhalb der Abbruchkante liegen hügelige Wiesen. Hier weht fast immer ein kräftiger Wind, der für den bizarren Wuchs der wenigen Gehölze wie Stechginster oder Weißdorn verantwortlich ist. Unzählige Kissen der Strand-Grasnelke *Armeria maritima* wachsen oft direkt an der Bruchkante im mageren Boden. Im Mai und Juni sind die Wiesen mit den weißen Blüten der Margerite *Leucanthemum vulgare* übersät.

Nur an einer Stelle ist es möglich, bei Ebbe an den Strand hinab zu steigen und die weißen Kreidefelsen mit ihren Schichtungen und den Einschlüssen aus schwarz glänzendem Feuerstein zu bewundern.

Ein unbekannter Künstler hat an diesem Stückchen Strand eine liebevoll aufgebaute Steinspirale hinterlassen. Sie lässt an die große Spirale *Spiral Jetty* von Robert Smithson denken, allerdings in kleineren Dimensionen.

Von der Steilwand bis zum Meer zieht sich die Spirale aus weißen und schwarzen Steinen hin, kunstvoll garniert mit schwärzlich-braunem Seetang. Zwischen den Steinen sind auch Schneckenhäuser, die wie Miniaturmodelle der Spirale wirken, zu finden.

Unwillkürlich stellen sich Gedanken an die rhythmisch wiederkehrende Bewegung der Gezeiten ein. Bei Flut ist dieses Kunstwerk völlig unter den Wassermassen verschwunden, und mit den Jahren wird es sich durch die Kraft des Wassers verändern. Die leichten, schwarzen Algen werden schon recht bald verschwinden. Die Steine werden im Laufe der Zeit aus ihrer vorgegebenen Linie herausgespült werden, es werden Lücken und Brüche in dieser organischen Struktur entstehen. Auch die Steine selbst werden ihre Form verändern: Die weichen Kalkanteile werden ausgewaschen, das härtere Flintgestein bleibt zurück, wird aber im Laufe der Zeit seine scharfen Bruchkanten verlieren. Vom Wasser und den kleinen, mit Ebbe und Flut über sie hinwegrollenden Steinen werden die Elemente dieser Spirale rund gewaschen, ehe sie sich eines Tages ganz auflöst.

Die Strömungsfalten und Risse der zähfließenden Stricklavamassen scheinen die Kugel in schwebender Bewegung zu halten.

Faltenwurf in Lava

Manche Landschaften besitzen schon für sich allein die Dramatik eines Kunstwerks. Eine solche ist der südliche Teil der kleinen Kanareninsel El Hierro: eine karge Geröllwüste mit Lavafeldern in Braun- und Anthrazittönen und einer spärlichen Vegetation aus Wolfsmilchgewächsen, niedrigen Staticen und den Rosetten des *Aeonium canariense*, die wie übergroßer Hauswurz aussehen.

Auf El Hierro kann man einzigartige Formationen, Formen und Farben von Stricklava bewundern. Man möchte meinen, der zähe, schlängelnde Fluss der Lava sei erst vor kurzem erstarrt. Die Form dieser Stricklava erinnert an einen weichen Brei, und doch ist sie steinhart. Auch der Gedanke an den geschmeidigen Faltenwurf seidiger Stoffe liegt nahe.

Diese Assoziation war es vermutlich, die den Impuls für die Arbeiten des Fotografen und Künstlers Uwe Mädger gab. Er wählte die Lavafelder als Szenerie für den spielerischen Dialog der vollkommenen Form einer Steinkugel mit dem weichen Fließen eines Stoffes. Der Faltenwurf des Stoffes greift die Strukturen der Stricklava auf, stellt aber durch das formbare Wesen des textilen Materials den Gegensatz von hart und weich in den Vordergrund. Der Küstenwind verändert den Faltenwurf der Seide unaufhörlich, die Sonne sorgt für wechselnde Schatteneffekte. Gerade durch den Kontrast mit dieser leichten, permanenten Bewegung wird die Erstarrung des Vulkangesteins besonders deutlich. Wie einen Punkt am Ende einer Aussage stellt Mädger den fließenden, harmonischen Bewegungen, die in diesen Landschaftsausschnitten dominieren, die statische Kugel gegenüber und lässt sie der Bewegung Einhalt gebieten.

Auch die kleinen Kugeln verdeutlichen die Dimensionen von Raum und Zeit und davon abhängige Veränderungsprozesse. Zeit, Sonne, Wind, Regen, Erdaktivität und Menschen haben Einfluss auf diese Landschaft genommen. Feine Haarrisse, von Flechten besiedelt, überziehen die braune Lava mit einem schwärzlichen Netz. An vielen Stellen sind die geschwungenen Bänder der Stricklava gebrochen und lösen sich im Laufe der Zeit in immer kleinere Fragmente auf. Diese Aufbrüche lassen glatte, runde Höhlungen sichtbar werden, die von Lufteinschlüssen in dem glühenden Lavastrom herrühren. Die glänzenden Kugeln als Komplementärform der runden Luftblasen betonen die Hohlräume und ihren Entstehungsprozess.

Ein Riss unterbricht den Fluss der Lavastränge; durch den fließenden Stoff wird die Bewegung wieaufgenommen.

Von steinernen Köpfen und Gestalten

Glänzende Gesichter

Zurückgezogen, nachdenklich und fast ein wenig traurig scheint der Blick nach innen gerichtet.

In den frühen sechziger Jahren des vorigen Jahrhunderts entdeckte die Kunstwelt den Schwarzen Kontinent. Bildhauerinnen und Bildhauer aus Afrika, vor allem aus Simbabwe, fanden erstmals große internationale Anerkennung.

Die afrikanischen Künstlerinnen und Künstler arbeiten häufig mit dem Stein Serpentin, ihre Werke sind oft figürlich und finden ihre Motive im Menschen. Einzelne Köpfe, ein Paar oder eine Gruppe werden oft direkt aus dem Stein herausgearbeitet. Gestik und Mimik der Gestalten besitzen eine große Expressivität und auch eine sehr eigene, anrührende Spiritualität.

In einem wohl 80 Jahre alten, eingewachsenen Garten mit großen Bäumen, schattigen Plätzen, Staudenbeeten und Gehölzpflanzungen gibt es eine Ausstellung unzähliger Skulpturen zu entdecken, liebevoll platziert unter oder in den Pflanzen. Hat man das Glück, die Ausstellung an einem wechselhaften Tag zu sehen, erlebt man sie in einem ganz speziellen Licht. Die Oberflächen der Serpentin-Skulpturen sind meist sehr fein bearbeitet und poliert, sodass Regentropfen oder wenigstens ihre Spuren noch sichtbar bleiben, während die Sonnenstrahlen Glanzpunkte setzen.

Das *Sceptical Girl* von Charles Nyakudya steht zurückhaltend und fast versteckt zwischen den frisch grünen Blättern der Zimt-Himbeere, *Rubus odoratus.* Mit vorgeschobenen Lippen und gekrauster Stirn beobachtet sie unschlüssig ihre Umgebung. Sie scheint noch nicht bereit, ihre Deckung zu verlassen. Die dunkle Farbe des Steins bildet einen lebendigen Kontrast zu den vom Regen erfrischten Blättern. Nur die kleinen rosa Blüten der Zimt-Himbeere setzen einen farbigen Akzent. Vielleicht darf man ihn als Hoffnungsschimmer interpretieren – oder als das nötige Fünkchen Mut, das dieses schüchterne Mädchen aus der Reserve locken könnte.

Ein schwarz glänzender, dreieckiger Kopf von Tanya C. trägt den Titel *Awake/Asleep.* Dieser Zwiespalt spiegelt sich im Gesicht wider. Angesichts der noch auf ihren Wangen glitzernden Regentropfen könnte sie auch »Lachend/Weinend« heißen.

Regentropfen haben den Mädchen kopf aus nahezu schwarzem Serpentin benetzt. Reizvoll ist der Kontrast mit den frisch-grünen Blättern der Zimt-Himbeere.

Weitsicht und Schutz

Der Schutz hat sich schon einen Schritt herausgewagt und sondiert vorsichtig das Terrain.

Eigentlich wirkt *Die Sehende* in ihrem strahlenden Weiß fremd in dieser Umgebung. Sie steht erst seit wenigen Tagen hier, ist noch ganz frisch und jung, hat noch keine Spuren von Wind und Wetter angenommen – man möchte meinen, sie hat sich noch nicht eingelebt.

Trotz oder gerade wegen der Reduzierung auf zarte Konturen von Nase, Augen und Mund, an denen die feinen Spuren des Meißels im Stein zu erkennen sind, wirkt diese Arbeit von Claudia Krentz sehr ausdrucksvoll.

Der Frauenkopf hält die Augen geschlossen und dennoch den Blick nach oben gerichtet. Sie ist wirklich eine Sehende, auch wenn der Name angesichts der geschlossenen Augen zunächst paradox erscheint. In dem leicht schattigen Gartenraum tritt sie in einen leisen Dialog mit der Umgebung und den Pflanzen.

Sie hat den Kopf in den Nacken gelegt und gibt damit eine Blickrichtung vor, die den Betrachter verführt – anders als in einem begrenzten, geschlossenen Raum – diesem Blick zu folgen. Und was es zu entdecken gibt, würde man ohne diese subtile Aufforderung allzu leicht übersehen oder als alltäglich abtun: das Laubdach der Bäume mit seinen ständig wechselnden Mustern und Schattierungen, den Himmel, die vielgestaltigen Wolken, die Sonne. Auch der hinter ihr aufragende Baumstamm und der schlanke Fingerhut tragen dazu bei, dass wir die Höhe der Bäume und die Unendlichkeit des Raums über uns bewusster wahrnehmen.

Etwas weiter entfernt steht hinter einem Baumstamm *Der Schutz*, eine zweite Marmorskulptur von Claudia Krentz, mit auffälligen, dunklen Maserungen im Stein. Der Name ist durchaus treffend, denn einerseits steht die Figur im Schutz der Eichen und Eschen, hinter deren Stämmen man sich gut verstecken kann und deren Laubdach sich wie ein behütender Schirm ausbreitet. Andererseits drückt die Gestik der Statue ganz unmissverständlich Selbstschutz aus: ein Arm ist über den Kopf gelegt. So kann die Gestalt es wagen, vorsichtig hinter den Baumstämmen hervorzutreten, einen Blick oder vielleicht sogar einen Schritt zu wagen und vorsichtig Kontakt aufzunehmen.

Die Sehende hat ihren Blick in das Laubdach und zum Himmel gerichtet.

Pflanzenalphabet

Eine Gestalt aus dem Pflanzenalphabet vor einer der vielen Hecken im Garten der Winklers.

Ein Arbeitsmodell für die Erschaffung des Pflanzenalphabets (oben).

Variationen des Pflanzenalphabets: Über Kopf betrachtet haben die Zeichen eine menschenähnliche Gestalt (unten).

An verschiedenen Orten der Gartengalerie Klosterkielhof entdeckt man merkwürdig anmutende Steinskulpturen. Sie sind abstrakt und haben dennoch eine figürliche Ausstrahlung, ohne allerdings konkrete Assoziationen an einen Menschen oder ein Tier zu wecken.

Die Bildhauerin Insa Winkler hat ihre Arbeiten *Pflanzenalphabet* genannt. Dabei assoziiert man bei ihrem Anblick zunächst weder Bäume noch Stauden oder Gräser. Sie wirken eher wie eine Zeichensprache oder ein geheimnisvoller Code, erinnern an unbekannte, steinerne Buchstaben, die sich ähneln und doch unterschiedlich sind.

Die einzelnen Skulpturen sind aus Dolomitblöcken herausgesägt, weisen Nuancen der Abweichung auf und haben doch alle etwas gemeinsam. Es sind selbständige Skulpturen, zugleich aber auch zu einander passende Zeichen, die sich ergänzen, die zu einer Familie oder einem System gehören. Sie stehen vereinzelt an verschiedenen Stellen des Gartens, man begegnet ihnen mit einem Gefühl des Wiedererkennens spürt die Verbindung, die zwischen ihnen besteht.

Die Skulpturen haben organische, fast archaische Grundformen, doch das System oder die Gesetzmäßigkeiten, die sie verknüpfen, ist schwierig zu entschlüsseln.

Erst nach längerer Betrachtung stellen sich doch Assoziationen aus dem Pflanzenreich ein. Die Skulpturen scheinen geerdet, unsichtbar mit dem Boden verwurzelt. Aus der Erde herauswachsend werden sie zu Gestalten, sie breiten sich aus und nehmen Raum ein.

Insa Winkler hat das Thema ihres Pflanzenalphabets auch mit lebendigem Pflanzenmaterial realisiert, sodass die Aspekte des Wachstums und der Veränderung in den Vordergrund treten. Metallrahmen geben die äußere Form vor, Gras oder *Sempervivum*-Arten füllen den Raum, der mit Hilfe von Sonnenlicht und Bewässerung ein grünes, wachsendes Innenleben erhält.

Lässt man die Fantasie mit den lebenden und den steinernen Skulpturen spielen, entdeckt man plötzlich, dass man sie kopfüber betrachten müsste. So besehen verwandeln sie sich in menschliche Gestalten, die sich auf zwei Beinen fortbewegen könnten. Vielleicht ist dies der Schlüssel zur Entzifferung der Gemeinsamkeiten und Unterschiede von Pflanzen und Gestalten.

Die abstrakte, einfache Form

Der graue Sandstein spielt mit der Tiefe und den Durchbrüchen im Stein.

Bevor Barbara Hepworth großformatige Bronzen für sich entdeckte, arbeitete sie vor allem mit Holz und Stein. Sie gehörte zunächst zu einer Generation von Bildhauerinnen und Bildhauern, die sich der Maxime der »Wahrhaftigkeit gegenüber dem Material« verschrieben hatten. In der Bildhauerei der Klassischen Moderne verstand man darunter vor allem das direkte Arbeiten mit dem Material. Zwar wurden gelegentlich Skizzen angefertigt, jedoch keine maßstabsgetreuen Modelle. Erst während der unmittelbaren Arbeit am Stein oder Holz entwickelten sich die Skulpturen.

Eines der wichtigen Themen, mit dem sich Barbara Hepworths in vielen Variationen und mit unterschiedlichen Materialien auseinandersetzte, war die *einfache Form*, verstanden als Symbol des Menschen in der Landschaft. Im Laufe der intensiven Beschäftigung mit diesem Thema wurden ihre Skulpturen leichter und in ihrem Ausdruck vielfältiger. Es gelang ihr immer mehr, sich von der Massivität und Blockhaftigkeit des Ausgangsmaterials zu lösen. Die Formen ihrer neueren Skulpturen verjüngen sich meist nach unten hin und erhalten dadurch einen fast schwebenden Ausdruck. Barbara Hepworth spielt mit der Tiefe im Stein, mit Höhlungen und schließlich mit Durchbrüchen.

Versteckt in ihrem Garten in Saint Ives, in dem auch viele ihrer großformatigen Bronzen ausgestellt sind, steht der graue Stein, umgeben von duftendem und blühendem Pfeifenstrauch *Philadelphus* × *virginalis*, dessen Äste sich vor der Gestalt zu verbeugen scheinen. Der Stein erhebt sich unter dem Dach einer Zierkirsche und harmoniert farblich mit dem Stamm des Baums, dessen Borke von Lentizellen grau ist. In ihrem Zusammenwirken geben der schlanke Baum und die schmale Skulptur der Dimension der Höhe in diesem Gartenbereich ein starkes Gewicht. Auch die Blätter des Neuseeländer Flachs *Phormium tenax* betonen aufrechte Linien. Nur einige von ihnen sind nach vorn abgeknickt und bereichern das Bild so durch eine spannungsvolle Gegenbewegung.

Die Farbgebung des Ensembles aus Stein und Pflanzen ist zurückhaltend, verschiedene Nuancen von Weiß, Grün und Grau vermitteln eine ruhige, kühle Atmosphäre. Nur das kräftige Rot einer blühenden Fuchsie im Hintergrund setzt einen lebhaften Akzent.

Subtropisches Paradies

Eine Venus aus Marmor inmitten einer üppigen, subtropischen Bepflanzung.

Der Garten *Estufa Fria* in Lissabon, der schon 1930 der Öffentlichkeit zugänglich gemacht wurde, erinnert an einen subtropischen Paradiesgarten. Ein alter Steinbruch wurde zu einem Gewächshausgarten ausgebaut, allerdings findet man hier kein Glasdach, wie man es von den eleganten Bauten des viktorianischen England kennt. Schmiedeeiserne Säulen tragen ein mehrere hundert Meter langes Dach aus verstellbaren Holzlatten, die in den heißen Sommermonaten die hohe Sonneneinstrahlung abschirmen und extreme Temperaturen vermeiden.

In diesem enormen Gewächshaus gedeihen australische Baumfarne *Cyathea australis* neben Bananen und ihren Verwandten *Strelitzia reginae* und *Strelitzia nicolai*, in ihrem Schatten fühlen sich niedrige Farnarten und der Schlangenbart *Ophiopogon japonicus* wohl. Unglaublich groß ist die Variationsbreite der Grüntöne und Blattformen, von dem feingliedrigen Frauenhaarfarn bis zu den großen, glänzenden Blättern der *Monstera deliciosa*. Farbakzente setzen die leuchtend bunten Blüten der Kamelien, Azaleen, Orchideen, Clivien, Begonien und Scheincalla.

Am Fuß des Steinbruchs wurden verschiedene Wasserbecken angelegt, belebt durch kleine Wasserfälle und Kaskaden. Brücken und Trittsteine laden ein, auch das andere Ufer zu erkunden.

In dieser Umgebung ist man nicht überrascht, eine marmorne Venus zu entdecken, die nur halb bekleidet aus einer Muschelschale heraus auf den Rücken eines Delphins gestiegen ist. Sie passt in diese grüne Üppigkeit, auch wenn man ihre Gestik andernorts vielleicht als übertrieben empfinden würde. Ebenso stimmig wirkt eine andere Figur, die anscheinend gerade ein ungestörtes, erfrischendes Bad beendet hat.

Das üppige Laub filtert Licht und dämpft die Geräusche, sodass eine ruhige, fast intime Atmosphäre entsteht – dies ist ganz sicher ein besonderer Ort, um in der grünen, abgeschiedenen Kühle einen heißen Sommertag zu genießen.

Störe meine Kreise nicht

Stets von oben herab wird die Gestalt im Becken betrachtet. Als Antwort darauf wirft sie dem Betrachter einen ungehaltenen Blick entgegen.

Im Vorgarten einer Bremer Stadtvilla entdeckt man unversehens ein rundes, mit Klinkern eingerahmtes Wasserbecken. Das Material passt sehr gut zur Hausfassade mit ihren weißen Türeinfassungen, Balkonen und Fenstern. Diese geradezu klassische Farbkombination von Rot und Weiß wird ergänzt durch eine marmorne Figur, die im Becken sitzt.

Dieser sitzende Mann des Bildhauers Hans-Joachim Müller ist relativ naturalistisch gearbeitet, lediglich die auf dem Bauch ruhenden Hände wirken etwas zu groß. Die Ellenbogen sind auf dem Beckenrand aufgestützt, die Knie angewinkelt – man könnte denken, er nimmt in aller Ruhe ein entspannendes Bad.

Und doch wirkt der Mann hier draußen im Vorgarten unwirklich und fehl am Platze. Wer setzt sich schon an diesem Ort einfach in ein Wasserbecken – und das auch noch im Anzug? Möglicherweise wurde der gut gekleidete Herr nicht ins Haus gelassen – oder sogar hinausgeworfen? Die Stadtvilla, in deren Garten der seltsame Badende sitzt, hat früher einmal einem Bremer Reeder gehört, und in Anlehnung an die Geschichte des Hauses hat Hans-Joachim Müller seine Skulptur *Der Reeder* genannt. Er gebietet hier nicht mehr über eine Schiffsflotte, aber fühlt sich vom Element Wasser immer noch angezogen.

Die Füße der Skulptur verschwinden in den Überresten eines Marmorblocks. Man kann darüber grübeln, ob dieser Block den Mann an Ort und Stelle festhält. Vielleicht will er sich aber auch gar nicht fortbewegen, sondern trotzig im Wasser sitzen bleiben, bis sich irgend etwas geklärt hat oder sein Warten Erfolg hat.

Wenn man sich dem Mann im Becken nähert, blickt man von oben auf ihn hinab. Aus dieser Perspektive ist er der Unterlegene, und schon wirkt er gar nicht mehr so entspannt, sondern beinahe klein und eingeschüchtert. Die starken Hände, die er über seinem Bauch legt, werden plötzlich zu einer schützenden Geste. Er sieht mit ernstem, etwas unwilligem Gesicht nach oben, als fühle er sich von dem aufdringlichen Betrachter gestört, als möchte er in Ruhe gelassen werden und nur mürrisch sagen: »Störe meine Kreise nicht!«

Im Mittelpunkt des Vorgartens steht das runde Wasserbecken mit der weißen Marmorskulptur.

Begrüßungskomitee

Die kleinen Fantasiegestalten aus Ton begrüßen und begleiten die Besucher.

Keramiken aus gebranntem Ton sind immer häufiger als Kunstwerke in Gärten anzutreffen. Bei manchen bleiben die Oberflächen bewusst unbehandelt, um die erdige Ausstrahlung des Tons zu unterstreichen, andere werden mit Pigmenten oder Glasuren dekorativ verziert.

In dem Garten von Bettina Jahn in Oldenburg kann man diese zauberhaften kleinen Wächter, Wegbegleiter oder Spielgefährten der Keramikkünstlerin entdecken.

Es sind Fantasiefiguren, die dem Besucher schon zur Begrüßung auf Augenhöhe entgegentreten. Sie erinnern an zeternde oder zwitschernde Vögel, an gackernde Hühner, fliegende Fische, an vergnügte Drachen – und alle wirken freundlich und dem Gast wohlgesonnen.

Die Figuren sind auf dünne Metallstangen gesteckt und stehen, wie zu einem Defilee aufgereiht, zwischen Hainbuchen, Hartriegel und Rosen. Sie begrüßen aufgeregt die Gäste, kündigen sie an und geraten selbst in Bewegung, wenn die langen, an den Körpern befestigten Schnüre sanft im Wind flattern. Bei manchen wirken die Schnüre wie ein ritueller Federschmuck, bei anderen wie ein profaner Schwanz. Man vergisst beinahe, dass die Figuren aus gebranntem Ton bestehen und rechnet damit, dass sie im nächsten Moment wie bunte Drachen mit dem Wind aufsteigen.

Diese kleinen Wesen erinnern an Gestalten aus einem Traum oder einen Zeichentrickfilm, die zum Leben erwacht sind, vielleicht auch an Motive aus Kinderzeichnungen, die Gestalt angenommen haben. Sie kommen aus einer Welt, die manchem Erwachsenen schon allzu fremd geworden ist.

Ihre Ausstrahlung ist so poetisch und spielerisch, dass sie ihre ganze Umgebung verzaubern. Der Garten wird plötzlich zu einem Fantasieland, in dem man geradezu damit rechnet, dass im nächsten Moment etwas Unglaubliches und Unvorhergesehenes geschieht.

Tanz auf den Wellen

Mit dem Thema Erde setzt sich die Künstlerin Susanne Worschech auseinander. Im Sommer 2000 zeigte sie einen Teil ihrer Arbeiten, die weitgehend aus gebranntem Ton entstehen, im Garten des Klosterkielhofes.

Aufgereiht vor den blühenden Rhododendren stehen seltsame Tonwürfel, aus deren oberem Viertel kurze Holzstücke herausragen. Auf den ersten Blick wirken diese Holzstutzen, als dienten sie der Luftzufuhr oder der Atmung. Zugleich fordern sie auf, näher zu treten, um einen Blick durch die vermeintlichen Lüftungslöcher in das Innere der Würfel zu werfen. Das jedoch ist nicht möglich, denn die Holzpflöcke verschließen die Öffnungen vollständig.

Die Tonwürfel erinnern an kantige Gesichter mit merkwürdigen Zügen. Schreitet man die Reihe ab, beobachtet man eine Veränderung der Würfel, zunächst in der Farbe, dann auch in der Form. Zuletzt sind nur noch Fragmente übrig.

Auf einem runden, von Eiben eingefassten Platz im großen Staudengarten, der wie eine Insel in den Rasenflächen liegt, hat Susanne Worschech eine Gruppe von irdenen Schiffen installiert. Aus der Ferne entsteht der Eindruck, als flögen kleine Holzboote durch die Luft. Erst bei näherem Betrachten wird deutlich, dass es sich auch hier um gebrannten Ton handelt. Mit großer Liebe zum Detail hat die Künstlerin selbst die kleinen Sitzflächen aus Ton geformt und sogar ein Paar in eins der Boote gesetzt.

Während die Boote aus der Nähe eine gewisse Massivität ausstrahlen, die ein Schwimmen auf dem Wasser gar nicht zulassen würde, hat diese Installation aus der Ferne eine wesentlich leichtere Wirkung. Vor dem Hintergrund der akkurat beschnittenen Eiben und der Hainbuchen mit ihren Kugeln bilden die Bootsrümpfe mit ihrer flachen, trapezförmigen Kontur einen schönen Kontrast. Die kleinen Boote scheinen beinahe in der Luft zu schweben, und diese optische Leichtigkeit wird durch die dunklen, kompakten Pflanzenkugeln zusätzlich betont.

Wechselt man die Blickrichtung, so verändert sich auch die Kulisse für die luftige Installation. Vor dem großen, blühenden Perückenstrauch *Cotinus coggygria* 'Royal Purple' mit seinen rotbraunen Blütenwolken wirken die ocker-braunen und eher rötlichen Farbtöne der Boote sehr harmonisch und scheinen aus geflochtenem Holz zu bestehen.

Rotbraun, Grün und Terrakotta sind die beherrschenden Farben in diesem Bildausschnitt; die Schiffe verbinden die Farben miteinander.

Im Hausgarten aufgereiht vor den Rhododendren eine abstrakte Arbeit von Susanne Worschech, die an Vogelkästen erinnert. Deutlich sichtbar ist die Brüchigkeit des Materials.

Tönerne Landschaften

Ein trockener Wasserlauf mit Keramiken und Glas gestaltet.

Ein besonderer Wassergarten, dessen umgebende Mauern mit Mosaiken verziert sind. Das leuchtende Blau suggeriert eine sprudelnde Quelle, die den Teich speist.

Kunstvolle Mosaiken als Bodenbelag oder zur Verzierung von Außen- und Innenwänden haben eine Jahrtausende alte Tradition. In Mesopotamien und Griechenland, im römischen und byzantinischen Reich wurden ursprünglich Kiesel, Marmor oder andere Natursteine verwendet. Später kamen noch Glas und gebrannter Ton mit oder ohne Glasur hinzu.

Eine unkonventionelle, moderne Kombination dieser Materialien hat der Münchener Architekt Abdullah Mumme für einige seiner Gärten gewählt. Er gestaltet Terrassen- und Wegbeläge, aber auch künstliche Landschaften als Dekorationselement durch Kombinationen von Natursteinplatten und Kleinpflaster mit Splitt, Schotter, Keramik und Glas.

Aus diesen Materialien besteht auch der Bachlauf in Grau, Weiß und Blau. Übereinander gestapelte Granitplatten mit grob gebrochenen Kanten täuschen Abgründe vor, obwohl ein natürliches Gefälle des Geländes kaum zu erkennen ist. Zwischen den schroffen Hindernissen sucht sich das Wasser seinen Weg. In flachen Senken kann es sich für ein Weilchen sammeln, ehe es überläuft und mit kleinen, weißen Gischtkronen rasch weiter fließt.

Im oberen Bereich wirkt der steinerne Bachlauf schroff und rau, weiter unten wird er ruhiger. Hier verlaufen seine fast weißen Ränder in harmonischen Wellen, die an einen Sandstrand erinnern. Selbst die angedeutete, umgebende Landschaft wird etwas lieblicher: Grünes Glas in unterschiedlichen Farbnuancen steht für eine leicht hügelige, sanft zum Fluss hin abfallende Landschaft.

Das Thema Wasser ist auch in einem anderen von Abdullah Mumme gestalteten Garten sehr gegenwärtig. Große, höher gelegte Wasserbecken sind von dekorierten Betonmauern in kantigen Formen eingefasst. In einem kleinen, kreisrunden Keramikbecken, das wie eine glatt polierte Steinplatte glänzt, könnte sich das Wasser aus einem Flüsschen gesammelt haben. Das hellere, zarte Ornament auf dem strahlend blauen Untergrund suggeriert Bewegung, lässt an einzelne Wassertropfen denken, die die Wasseroberfläche in Bewegung setzen, sodass sich die konzentrischen Kreise überschneiden.

Schwünge, Farben und Ornamente

Antoni Gaudí gilt als einer der wichtigsten Vertreter des Modernisme, der spanischen Spielart des Jugendstil. Doch sein einzigartiger und eigenwilliger Stil lässt sich nicht so einfach kategorisieren. Gaudís Architektur basiert zwar weitgehend auf naturgewachsenen Formen, die ein charakteristisches Element des Jugendstils sind, integriert aber zusätzlich Elemente der Gotik und der islamischen Baukunst.

In Gaudís Parc Güell in Barcelona kann man nicht nur faszinierende Natursteinsäulen bewundern, sondern auch eine Vielfalt an prächtigen Mosaiken, mit denen Bänke, Mauern, Treppen, Wände und Brunnen verziert sind. Diese Mosaiken bestehen aus weißen und bunten Keramikplatten, die teilweise im Ganzen, teilweise auch in Bruchstücken verarbeitet wurden. Weil sich der Bau des Parc Güell, der ursprünglich als exklusive Gartenresidenz geplant war, als finanzielles Fiasko erwies, musste Gaudí wirtschaftliche Überlegungen in sein gestalterisches Schaffen einbeziehen. So kaufte er Ausschussware guter Keramikwerkstätten und kombinierte diese mit Stücken von farbigem Glas und sogar mit Böden von profanen Glasflaschen zu fantasievollen, ornamentalen Mustern. Industriell produzierte Fliesen wurden zu geometrischen Reihen angeordnet oder als Einfassungsbänder verwendet.

Charakteristisch für die Arbeit des Künstlers ist auch sein Spiel mit dem Unzusammenhängenden, Fragmentarischen. Abrupt wechseln die bunten Mosaike mit schlichten Flächen aus Bruchstücken weißer Keramikfliesen ab. Unvermittelt taucht an anderer Stelle wieder eine Rosette aus Glasstücken auf.

Fliesen mit verschiedenen reliefartigen Mustern in eher zurückhaltenden Farben schmücken die Seitenwände der doppelten Treppe, die von der Terrasse zur Säulenhalle führt. Aus Pflanznischen oberhalb der Mauer quellen Kaskaden von *Asparagus*. Zwischen den beiden Flügeln der Treppe wurden Podeste mit vielgestaltigen Brunnen und Wasserspielen angelegt. Wie ein Wandbrunnen wirkt der von einem runden Mosaik eingefasste Tierkopf, aus dessen Maul das Wasser in ein kleines Becken fällt. Und auf der unteren Stufe der Treppe liegt ein gewaltiger Drache, dessen Rücken mit farbenprächtigem Mosaik geschmückt ist. Seine Pfoten hat er stützend auf den Rand des schrägen Beckens gelegt, den Kopf aufmerksam erhoben, als wolle er gleich zu einem Erkundungsgang aufbrechen.

Die Farbigkeit macht den Drachen zu einem Fantasietier. Angriffslustig stellt er sich mit offenem Maul den Besuchern entgegen.

Die Farben der Stadt Barcelona zieren den Hintergrund des Brunnens. Auf Höhe der Treppenpodeste laden Wasserspiele zum Verweilen ein.

Mosaiken im Wasser

Ein kleines Wasserbecken mit bunter Keramik.

Der Künstlerinnenhof »Die Höge« im niedersächsischen Bassum ist ein gemeinsames kulturelles Projekt der Länder Niedersachsen und Bremen. Als in jüngerer Vergangenheit die gesamten Außenanlagen des Anwesens umgestaltet wurden, war die Schaffung kleiner Gartenräume ein wichtiges Anliegen.

»Die Höge« ist ein alter Bauernhof, dessen Stallgebäude zu Wohnungen und Ateliers für die Stipendiatinnen umgebaut worden sind. Bei der Umgestaltung der Außenanlagen mussten die baulichen Gegebenheiten des landwirtschaftlichen Gebäudes berücksichtigt werden. Schachtringe aus Beton sollten zugänglich bleiben und trotzdem in einer ästhetisch ansprechenden Form in die neuen, kleinen Gärten für die Stipendiatinnen integriert werden. Dabei entschied man sich dafür, diese Betonflächen nicht verschämt zu kaschieren, sondern aus der Not eine Tugend zu machen.

Die kreisrunden Oberflächen der Betonringe wurden nach einer Idee von Birgit Look mit farbigen Mosaiken verziert. Unterschiedlich geformte Keramikstücke in kräftigen Farben wurden zu fantasievollen Mustern verlegt und, damit diese Flächen nicht zu isoliert wirken, über die Schachtdeckel hinaus erweitert. In der Pflanzfläche wurde eine kleine Mulde geformt, die bis an den bunten Kreis reicht. Die gesamte Vertiefung ist mit Bruchstücken aus Glas und Keramikfliesen ausgekleidet und kann auch als Wasserbecken genutzt werden.

Fließende, sich schlängelnde Linien in Blau- und Türkistönen lassen an bewegtes Wasser denken, organisch geformte Bänder in leuchtendem Gelb und kräftigem Rot setzen lebendige Kontraste. Weiß steht für Gischtkronen; Dunkelblau für ungeahnte Tiefen. Die leicht erhöhten Schachtringe bilden nun kleine Sockel, die zum Platz nehmen einladen. Hier lässt es sich gut spielen, plaudern oder ausruhen.

Auch andere gebrauchte Materialien aus gebranntem Ton fanden fantasievolle Verwendung. Gleich nebenan lädt ein interessant gestalteter Sitzplatz aus alten Dachziegeln, die zu einem zarten, spiraligen Sonnenmuster verlegt sind, zum Entspannen ein.

Schützender Schirm

Unter dem schützenden Schirm können Gras und Gänseblümchen sich ungestört entwickeln. So wird die Dreiteilung des Kreises und die permanente Veränderung erlebbar.

Kunstobjekte aus Glas sind in privaten Gärten und öffentlichen Parks nur selten zu finden. Dabei hat dieses Material viele reizvolle Aspekte zu bieten. Im Rahmen der dritten internationalen Ausstellung »Glasplastik und Garten« im niedersächsischen Munster war eine Vielfalt von Gestaltungsmöglichkeiten zu bewundern.

Eine skurrile und zugleich poetische Plastik von Igarashi Masumi spielt mit unterschiedlichen Materialien und den geometrischen Formen von Kreis und Gerade. Auf einer Rasenfläche liegt eine flache, in drei Segmente unterteilte Kreisfläche aus Beton in sanften Schattierungen von Beige, Hellgrau und Anthrazit. Zwischen den Fugen dieser Dreiecke drängt das Gras ans Tageslicht, selbst der Blütenkopf eines Gänseblümchen hat sich geöffnet.

Drei gerade, aus Holzbohlen gelegte Linien zeigen vom Kreis, der das Zentrum der Plastik bildet, in die Rasenfläche hinein. Sie vermitteln den Eindruck, als würde der Kreis Strahlen oder Bewegungsimpulse aussenden. Betrachtet man die Linien dagegen als zum Kreis hinführend, weisen sie auf seine Position im Zentrum hin und rücken ihn als eine der vollkommenen Formen in den Blickpunkt. Die aus den Fugen sprießenden Grashalme machen wiederum deutlich, dass die Kreisform in Segmente gegliedert ist. Sie kündigen an, dass die Pflanzen durch ihr Wachstum die Plastik verändern werden, indem sie die Steine allmählich weiter auseinander drücken, die Fugen breiter werden lassen und so die Kreisform nach und nach auflösen. Doch diese sich abzeichnende Veränderung wird nicht als unwillkommene Störung empfunden. Ganz im Gegenteil, denn Gras und Gänseblümchen werden wie schützenswerte Kreaturen präsentiert: Aus dünnem, farblosen Glas wölbt sich ein Regenschirm über ihnen. Er ist etwas schräg gestellt und schützt die Pflanzen vor Schlagregen oder Wind, lässt aber noch genügend Luft herein. So wirkt der Schirm eher wie ein wärmendes Gewächshaus.

Die Spiegelung von Bäumen, Himmel und Wolken in dem gewölbten Glas zaubert ein eigenständiges Bild, das sich von Minute zu Minute verändert. Blickt man durch das Glas hindurch, scheint der massive Betonkreis in einer anderen Dimension zu liegen. Doch auch sein vermeintlich statisches Wesen wird sich durch das Wachstum der Pflanzen langsam verändern.

Tropfenschleier

Die Glasplättchen des Vorhangs gleichen fallenden Wassertropfen. Ihr Glitzern lässt selbst tiefen Schatten licht wirken.

In einem kleinen Galerie-Garten in Munster steht am Ufer des Flüsschens Örtze eine alte Erle. Ihre ausladenden Äste ragen weit über das Wasser und malen sanft bewegte Spiegelbilder. Vereinzelte Sonnenstrahlen finden ihren Weg durch das dichte Laub und zaubern hier und da helle Lichtpunkte auf den schattigen Boden.

Doch auch zwischen den herunterhängenden Ästen blinkt und blitzt es plötzlich und unerwartet auf. Ein leichter Wind bewegt die Zweige des Baums und lässt unzählige Glasstücke, wie zu Perlenschnüren aufgezogen, im Sonnenlicht funkeln und zart klirrende Geräusche verbreiten. Sekunden später schließt sich das Laubdach wieder und versperrt dem Sonnenstrahl den Weg. Jetzt sind die drei Perlenvorhänge von Lia Welsing, die an den Ästen des Baumes hängen, gerade noch zu erahnen – lediglich ein zartes Schimmern an den Rändern bleibt zurück. Die leichten, transparenten Glasperlen erinnern an Wassertropfen, die unaufhörlich vom Baum auf den Boden oder in den Bachlauf fallen. Man meint fast, das tropfende Wasser zu hören.

Der alte Baum ist fest in der Erde verwurzelt, hat durch sein Aufragen in die Höhe aber auch eine Beziehung zur Luft. Die zarte Glasarbeit schlägt eine spielerische Brücke zwischen den beiden Elementen und verkörpert zugleich das Element des Wassers. Hier und da gibt es eine kleine Lücke in dem gläsernen Mobile, als sei der Tropfenfall zeitweise aufgehalten worden. Doch die Tropfen erreichen schließlich die Erde und auch das durchscheinende, gläserne Blatt, das am Boden liegt und dem Werk seinen Namen gab: *Fossil Leaf.*

Lia Welsing hat damit einen natürlichen Lebenskreislauf sehr poetisch dargestellt. Wasser ist lebensnotwendig für das Wachstum der Blätter, die aber im Herbst herunterfallen, wieder vergehen und im weitesten Sinne fossil werden.

Die Glasblätter unter dem Baum machen den Kreislauf von Wachstum und Vergehen deutlich.

Glasballons

Daniel Spoerri bezeichnet seinen Garten in der südlichen Toskana als sein Poesiealbum. Indem er dieses Album öffnet und den Besucherinnen und Besuchern Zugang zu den darin ausgestellten mehr als sechzig Plastiken und Skulpturen gewährt, erlaubt er Einblicke in sehr persönliche Bereiche seines Lebens.

Spoerri hat sich hier auf ein sehr ungewöhnliches Projekt eingelassen. Obwohl er ursprünglich keine Beziehung zur Natur im Allgemeinen und zu Gärten im Besonderen hatte, sind die typischen Pflanzen der südlichen Toskana in seinem Garten geradezu liebevoll benannt. Fast überall findet man kleine Hinweisschilder, die Auskunft geben, wofür sie verwendet wurden, woher ihre italienischen Namen stammen, in welcher Hinsicht sie eine Besonderheit darstellen. Die Esskastanie findet ebenso Erwähnung wie der Besenginster, der Lorbeer oder das Neapolitanische Alpenveilchen, *Cyclamen hederifolium*.

Vor allem aber hat Spoerri Stationen seiner eigenen künstlerischen Entwicklung sowie die Werke von Freunden und Freundinnen in diesem relativ naturbelassenem Garten in Szene gesetzt.

So findet man als eine Hommage an Meret Oppenheim eine übergroße Bronzetasse und den von ihr entworfenen *Hermes-Brunnen*. Nicht weit davon ein breites, archaisch anmutendes Steinlabyrinth, das Assoziationen mit keltischen oder präkolumbianischen Symbolen weckt. Doch nicht nur die Kunstwerke selbst sind beeindruckend, auch die »Nebensachen« sind einen Blick wert.

In der Nähe der Häuser steht ein Zaun, gebaut aus einfachen, relativ unbearbeiteten Rundhölzern. Seine Struktur besteht aus zwei Waagerechten, die nur in regelmäßigen Abständen von einer senkrechten Linie unterbrochen werden. Diese Begrenzung wirkt rustikal und stabil, zugleich aber transparent genug, um den Blick auf die dahinter liegenden Skulpturen nicht zu behindern.

Die senkrechten Zaunpfosten sind gekrönt von gläsernen Weinballons, deren Öffnungen nach unten zeigen. Sie sind ausgeleert und so ihrer Funktion beraubt, eine berauschende Flüssigkeiten zu bewahren. Indem sie den strengen waagerechten und senkrechten Linien des Zaunes ihre bauchige Räumlichkeit entgegensetzen, haben sie eine ganz neue ästhetische Funktion erhalten. So verwandeln sie einen profanen Zaun in ein Kunstobjekt, obwohl er als solches überhaupt nicht benannt ist.

Wie gewaltige Seifenblasen schweben die Weinballons über den Pfählen des Holzzaunes.

Der Brunnen nach einem Entwurf von Meret Oppenheim.

Von Nymphen und Gockeln

Die schwarzen Profile glänzen vor dem roten Hartriegel, zeternd mit weit aufgerissenen Mäulern, die Hahnenkämme rot angeschwollen.

Durchsichtige, bruchstückhafte Frauenkörper, teilweise silbrig glänzend, sind in der Hortensie versteckt.

Glas ist ein sehr alter Werkstoff. Einer seiner Vorzüge besteht darin, dass es sich bis zum Erstarren in beinahe jede Form bringen lässt. Auch als Klangkörper lässt es sich verwenden. Weil es schwingt, lassen sich durch Anschlagen von gläsernen Hohlkörpern oder durch Schaben auf einer reliefartigen Oberfläche verschiedene Töne erzeugen. Glas mit glatter Oberfläche hat obendrein die Eigenschaft, das Licht einzufangen und die Umgebung zu reflektieren.

All diesen Aspekten trägt Jörg Zimmermann in seinen Arbeiten Rechnung. Er gestaltet Glas auf sehr unterschiedliche Weise zu abstrakten und gegenständlichen Objekten. Weil das Material durch wiederholtes Eintauchen der Glaspfeife und mehrmaliges Aufblasen der Formen wächst, vergleicht er es mit einer Pflanze. Später jedoch ändert es seinen Charakter und wird sehr spröde – ein Moment der Unaufmerksamkeit, und das Glas ist zerbrochen.

Zart, durchscheinend und ungeheuer zerbrechlich erscheinen die *Nymphen*, schlanke Frauenkörper, die für Zimmermann unbedingt in einen Garten gehören. Hinter und in einer rot blühenden Hortensie hat er diese Glasgestalten aufgestellt. Die Zerbrechlichkeit und damit Vergänglichkeit des Kunstwerkes wird besonders deutlich, wenn man näher tritt und entdeckt, dass der Künstler im Grunde eher Torsi mit schon zerbrochenem Rand geformt hat. Die zarten Figuren nehmen Raum ein, dennoch wirkt das dünne, durchsichtige Glas sehr unauffällig, weil es auch die dahinter liegenden Pflanzenstrukturen erkennen lässt. Eine der *Nymphen* schimmert kostbar silbern und fängt das Licht ein, selbst wenn die Sonne keinen Weg durch die Wolkendecke findet.

Von ganz anderem Schlag sind die *Mannsgockel* von Ben Karpowitz. Aus dickem, schwarz gefärbtem Glas hat er flache, nur zweidimensionale Gesichter geformt. Sie sind auf hohen Metallstäben befestigt, stehen in Augenhöhe vor einem roten Hartriegel (*Cornus sanguinea*) und glänzen in der Sonne.

Die Profile haben weit aufgerissene Münder mit strahlend weißen Zähnen, selbst das rote Zäpfchen ist zu sehen. Sie sind außer sich, krakeelen und schreien. Die roten Haare stehen ihnen zu Berge, und der Titel dieser Gruppe lässt keinen Zweifel, dass die Assoziation mit geschwollenen Hahnenkämmen durchaus beabsichtigt ist.

Papierene Bäume im Wind

Die grazilen Bäume scheinen sich im Blau des Himmels aufzulösen.

Auf einer offenen Wiese erheben sich neun schmale »Bäume« in den Himmel. In ihrem unauffälligen Grau wirken sie zurückhaltend, dennoch beherrschen sie diesen Platz und stellen mit ihrer Höhe von acht Metern eine Verbindung zwischen dem Boden und dem Himmel her. Die immer schmaler und zarter werdenden Baumwipfel scheinen sich weit oben im Blau des Himmels aufzulösen.

Im Hintergrund trägt die große, fast runde, Raum füllende Krone eines Laubbaumes noch ihre dunkelgrünen Blätter, daneben zeigt ein abgestorbener, blattloser Baum sein dunkles, filigranes Geäst. Gerade im Kontrast zu seinem vitalen, grünen Nachbarn wirkt er wie ein trauriges Denkmal der Vergänglichkeit und Erstarrung.

Völlig anders dagegen ist die Ausstrahlung der neun Baumskulpturen von Josef Bücheler. Sie bestehen zwar aus Papier, einem schnell vergänglichen Naturmaterial, wirken aber äußerst lebendig. Die papierenen Bäume erinnern an Säulenpappeln, doch sind sie viel filigraner und vor allem beweglicher. Ihr Laub haben sie abgeworfen – vielleicht haben sie auch nie welches besessen. Ihre Elastizität, ihr Nachgeben und leichtes Zurückschwingen im Wind lassen sie zart erscheinen und sind zugleich Ausdruck ihrer Stärke.

Dünne Eschenzweige, umgeben von verleimten Schichten aus Zeitungspapier und Jute, sind die Hauptbestandteile dieser flexiblen Skulpturen. Sie müssen sich mit den Wetterelementen auseinandersetzen, doch es ist kein aussichtsloser Kampf, auch wenn ihre Lebenszeit von Anfang an auf ungefähr zehn Jahre begrenzt war. Innerhalb dieses vorbestimmten zeitlichen Rahmens erwiesen sich die scheinbar fragilen, papierenen Bäume als äußerst vital, anpassungs- und widerstandsfähig. Selbst der Orkan »Lothar« konnte dieser Skulptur nicht viel anhaben: Nur drei der neun Eschenstämme knickten um. Joseph Bücheler betrachtete die Auswirkungen des Sturms jedoch nicht als Zerstörung seiner Arbeit, sondern als Komplettierung eines künstlerischen Prozesses der Veränderung und unabänderlichen Vergänglichkeit.

Die Papierbäume werden sich unter dem Einfluss von Regen, Wind und Sonne weiter verändern. Die Farben und die Struktur des mit Leim, Graphit und Erde bearbeiteten Zeitungspapiers werden brüchiger, spröder und lösen sich allmählich auf.

Hölzerne Ahnengeister

Die Bildhauerei der letzten hundert Jahre bezieht ihre Inspirationen in hohem Maße von den so genannten primitiven Arbeiten alter Kulturen aus dem afrikanischen, ozeanischen oder auch amerikanischem Raum.

Kunstvoll geschnitzte und bunt bemalte Totempfähle ragen auf dem Außengelände des Anthropologischen Museums im kanadischen Vancouver in den Himmel. Das Museum beherbergt eine ständige Ausstellung der Geschichte, Kunst, Kultur und Lebensweise der indigenen Völker im Nordwesten Kanadas.

Die Landschaftsarchitektin Cornelia Hahn Oberlander gestaltete das Außengelände dieses Museums, das der Landschaft der Queen Charlotte Islands im Norden Vancouvers nachempfunden ist. Sanfte Hügel und leichte Erhebungen werden von Wegen durchkreuzt, die sich an den Anhöhen auf- und abwärts ziehen und schließlich an einen kleinen Strand führen.

Die Pflanzenwelt der Queen Charlotte Islands mit ihren Wildblumen, Gräsern und relativ wenigen Bäumen prägt das Gesicht dieser sanft modellierten Landschaft. Cornelia Hahn Oberlander versteht sich selbst als Bildhauerin einer Landschaft, und sie bezieht bei ihrer Arbeit stets bewusst alle drei Dimensionen ein.

Obwohl hoch über dem Meer gelegen, ist die Nähe zum Wasser, zum Himmel und zu den Bergen in dieser gestalteten Landschaft gegenwärtig. Der kleine Hügel auf dem Gelände verläuft sanft in einer Gegenbewegung zu den Ausläufern der kanadischen Rocky Mountains im Hintergrund. Nichts weist auf die Großstadt Vancouver hin, auf Zivilisation, Verkehr oder moderne Technik. Stattdessen führen uns die Totempfähle der Haida in eine alte, längst vergangene und zerstörte Welt.

Viele Meter hoch streben die mit mystischen Tier- oder Menschenfiguren verzierten Holzpfähle dem Himmel entgegen. Viele der abgebildeten Figuren halten ihre »Hände« schützend vor den Körper.

Die Ureinwohner des Landes begegneten bestimmten Tierarten, Pflanzen, Steinen und Gestirnen mit Hochachtung und verehrten sie als Ahnen- oder Schutzgeister. Gleichzeitig waren Familien, Clans oder Stämme an bestimmte Totems gebunden, sodass für sie diese Tiere, Pflanzen oder Steine tabu waren. Die meist bunt bemalten Totempfähle haben von ihrem Zauber bis heute nichts verloren. Bei ihrem Anblick fragt man sich unwillkürlich, welches Wissen, welche Geheimnisse und Tabus sie bergen mögen, zu denen wir keinen Zugang haben.

Auf dem leicht modulierten Gelände ragen zwischen Gräsern die Totempfähle empor; im Hintergrund sind die Ausläufer der kanadischen Rocky Mountains zu sehen.

Kunstvoll geschnitzte und fantasievoll bemalte Totempfähle – einer schützt und schmückt den Eingang eines typischen Langhauses.

Die große Schutzgöttin

Sie wacht über der Landschaft. Obwohl die Holzfigur mit nur wenigen Schnitten aus dem Holz gesägt zu sein scheint, wirkt sie keineswegs grob.

Auf einer Erkundung des »Großen Alb-Ganges« stößt man auf die hoch aufragende Holzskulptur *Die große Frau von der Alb*, die in ihrer Ausstrahlung eine unverkennbare Verwandtschaft zu den Totempfählen der amerikanischen Ureinwohner vermittelt. Wie eine Schutzgöttin, die über der Landschaft wacht, erhebt sie sich über der Schwäbischen Alb.

Der Bildhauer Karl Manfred Rennertz hat hier keine feine, detaillierte Schnitzarbeit geschaffen, sondern eher grob und großflächig mit einer Motorsäge aus einem Stamm heraus gearbeitet. In dem unbehandelten, tropischen Holz sind die Lebensadern noch zu erkennen, doch die markanten Spuren der Kettensäge überlagern die Maserung auf der Oberfläche des Holzes.

Der Künstler sägte die Skulptur direkt an ihrem Standort aus einem harten, mächtigen Baumstamm heraus – der vom Feuer geschwärzte Sockel verweist noch auf diesen Ursprung. Angesichts der rabiaten Bearbeitung des Materials ist es um so überraschender, dass die Frauenskulptur sehr zart wirkt und eine außerordentlich weibliche Ausstrahlung besitzt. Sie erinnert an die Darstellung einer Göttin aus einer fremden Welt. Die Arme wie zur Abwehr oder Beschwörung erhoben, thront sie über der Landschaft, als möchte sie dieses Fleckchen Erde mit all seinen Besonderheiten schützen und bewahren.

Über dem strahlend gelben Rapsfeld erhebt sich, was aus der Ferne nur zu erahnen ist: *Die große Frau von der Alb*.

Feuergeschwärztes Holz

Der Thron mit seiner vom Feuer geschwärzten, matten Oberfläche hebt sich vom kräftigen Grün des Kirschlorbeers und der Hainbuche ab.

Gegenüber dem *Thron* das Spiel mit den einfachen Formen Kubus, Kugel und Pyramide. Licht und Schatten heben den geometrischen Charakter der Körper hervor.

Ein spektakulärer Anblick auf einer Lichtung im Park von Goodwood sind zwei Eichenholz-Skulpturen von David Nash: *Der Thron* und *Zwei verkohlte Schiffe*.

Einerseits dient das Abflämmen des Holzes der Konservierung, andererseits betont es auch die verschiedenen Zustände des Materials. Das Feuer überführt das lebendig erscheinende Holz mit seinen Maserungen, die wie Lebenszeichen zu lesen sind, in eine tot wirkende Substanz mit einer Außenhülle aus schwarzer Kohle.

Seine matte Oberfläche und seine dunkle Farbe heben den *Thron* wunderbar von der Bepflanzung ab. Selbst die immergrünen, glänzenden Blätter des Kirschlorbeers *Prunus laurocerasus* 'Rotundifolia' erscheinen durch diesen Kontrast relativ hell. Das Gras auf der Lichtung leuchtet kräftig grün, vor allem wenn im Sonnenschein Halme und Blätter frisch glänzen.

Der umgebende, noch recht junge Wald mit seinen aufstrebenden Baumstämmen gibt der hölzernen Skulptur Rahmen und Heimat, macht aber zugleich auch die Dimension der Zeit bewusst. Der *Thron* erscheint viel älter als die Bäume, und durch das Verbrennen wirkt er fast versteinert, wie ein Relikt aus vergangenen Zeiten. Doch ist durch das Feuer der Übergang in diesen toten Zustand in Windeseile erreicht. Das frische Grün der Bäume wird mit Leben assoziiert, das matte, verkohlte und schwarze Holz hingegen mit dem Tod. So mag man die Transformation des Materials hier auch als Metapher auf Leben und Tod interpretieren.

Der *Thron* hat durch seine Platzierung auf der Lichtung einen eigenen Raum erhalten. Mächtig und solide ragt er als archaisches Symbol der Macht in den Himmel auf, doch diese Symbolik ist trügerisch. Die hohe, sich verbreiternde Rückenlehne könnte eine Stütze sein - doch es gibt keine Armlehnen, um sich festzuhalten, und die Sitzfläche bietet keine Halt, so schräg zeigt sie nach unten. Den *Thron* zu erklimmen, scheint ein sinnloses Unterfangen zu sein. Wer in die Höhe hinaufsteigen will, um Einfluss und Herrschaft auszuüben, muss damit rechnen, im nächsten Augenblick aus der erhabenen Position zurück auf den Erdboden zu rutschen.

Gegenüber dem *Thron* stehen niedrig und relativ erdverbunden drei Grundformen aus ebenfalls feuergeschwärztem Holz: die Kugel, der Würfel und die Pyramide – eine Audienz für die Untergebenen oder das einfache Fußvolk?

Der Windschwimmer

Kugel und Quader in einer Pflanzung. Die Stauden mit ihren vielgestaltigen Formen und Farben lockern die Strenge der geometrischen Grundformen.

Er »schwimmt« immer mit dem Wind.

Witz und Humor zeichnen die Arbeiten von Lucy Williams aus, die ihr Atelier für Holzkunst in dem Garten von Marle Place im englischen Kent unterhält. Ein Rundgang in diesem Garten ist allein aus gärtnerischer Sicht ein Genuss. Viele der liebevoll bepflanzten Bereiche, darunter ein edwardianischer Steingarten und ein Duftgarten, wurden schon vor etwa 90 Jahren angelegt. Bereichert wird der Garten durch die Holzskulpturen von Lucy Williams, die vielfach zum Schmunzeln oder gar Lachen verleiten.

Am Eingang zum Garten steht ein schmales, himmelblau-verwaschenes Gartenhäuschen, in dem Werkzeug Platz finden könnte. Statt eines Wetterhahns lässt Lucy Williams ein Perlhuhn auf dem Dachfirst thronen, als wolle es sich jeden Moment in die Luft schwingen.

Einige abstrakte Arbeiten, in denen die Künstlerin die Grundformen von Kreis und Würfel variiert, sind in kleinen, von Hecken abgegrenzten Gartenräumen zu finden. Doch die meisten ihrer Skulpturen sind konkret und gegenständlich – und vor allem voller Fantasie und Humor.

Der in der Luft schwimmende Windanzeiger unter der Trauerweide ist ein solches Werk. Die zarten Zweige der Weide mit ihren silbrig schimmernden Blättern bewegen sich schon beim leisesten Luftzug und lassen dabei auch den Mann anscheinend in Bewegung geraten. Mit seinem altmodischen Badeanzug, die Arme für den nächsten kräftigen Schwimmzug weit nach vorn gestreckt, stürzt er sich in die Wellen. Unwillkürlich fühlt man sich an das Badevergnügen in einem englischen Seebad zur Entstehungszeit dieses Gartens erinnert. Nach seinem etwas grimmigen, aber entschlossenen Gesichtsausdruck zu urteilen, scheint es den Schwimmer einige Anstrengung zu kosten, sich gegen Wind und Wellen zu behaupten.

Die Weidenblätter rascheln leise und stetig, und man meint beinahe, das Rauschen der Brandung und des Windes zu hören.

Uneinige Beobachter

Der Baum steht Kopf. Aus dem Stamm und der zerzausten Wurzel entstehen Gestalten.

Im kleinen weißen Garten von Lisa und Joachim Winkler stand ein alter Kirschbaum, dem in diesem Gartenzimmer eine tragende Rolle zukam. Die weißen Blüten im zeitigen Frühjahr erinnerten an zarte Schneewolken in der Höhe. Im Sommer spendete der Baum den vielen Stauden ebenso wie den Menschen willkommenen Schatten, und im Herbst vergoldeten die Blätter den Garten. Während des ganzen Jahres trugen sein Habitus und seine Höhe zu dem angenehmen Raumgefühl in diesem Gartenbereich bei. Als der Baum nun von einer Pilzkrankheit befallen wurde und gefällt werden musste, fehlte dem Garten ein wichtiges Element. Das wechselnde Bild der Jahreszeiten war ärmer geworden, außerdem fehlte diesem Bereich plötzlich die Dimension der Höhe.

Doch ging der Baum nicht tatsächlich verloren, sondern hielt in anderer Form wieder Einzug. Er wurde zum Material für eine Holzskulptur von Insa Winkler, die den leeren Raum in der Höhe füllt.

Ganz im Sinne des Gartenthemas blickt eine weiße Gestalt über die hohen Buchenhecken hinweg. Sie besteht aus zwei schmalen Körpern mit skurrilen Köpfen. Die Körper sind an der Basis zusammengewachsen und doch zweigeteilt, denn sie blicken in verschiedene Richtungen, würden sich vielleicht sogar trennen, wenn sie könnten. Der eine Körper ist in Bewegung, wird jedoch erfolgreich zurückgehalten von der zweiten, viel schmaleren Gestalt. Diese steht fest und scheint Gäste zu erwarten oder herbeizurufen, die jeden Moment durch den Buchenbogen in der Garten treten könnten.

Ebenso wie die beiden Körper, die auseinander streben und ihre Einheit aufgeben, scheinen sich auch die merkwürdigen Köpfe in ihrer Form aufzulösen. Insa Winkler hat mit ihrer Arbeit die Natur des Baumes auf den Kopf gestellt: In der Erde ist nun verankert, was einst der Kronenansatz des Baumes war, während sich in luftiger Höhe die Überreste der Wurzeln als sonderbar zerzauste Köpfe erheben.

Mit ihrem leuchtenden Weiß dominiert die Skulptur den kleinen Garten und bildet einen kräftigen Kontrast zu den grünen Buchenhecken. Dadurch erscheint sie auf den ersten Blick fremd. Doch wer genauer hinsieht, erkennt die subtile farbliche Einbindung durch die weißen Blüten der Rosen und der Glockenblumen, des Storchschnabels und des Waldmeisters.

Lebende Skulpturen

Blick über den Wasserkanal auf blühenden Rhododendren, rechts die Steinskulptur eines unbekannten Künstlers.

Immergrüne, geformte Buchsbäume im halbschattigen Garten. Gelblaubige Gehölze und das niedrige Pfennigkraut bringen Licht in den Schatten (oben).

Die Lichtung im Waldgarten – auf kalkarmem Boden blüht im Frühjahr der Sauerklee (unten).

Einen Garten zu entwerfen und zu gestalten bedeutet, Bilder mit lebendigem Material zu malen oder einen Gartenraum mit Farben und Formen zu inszenieren. Dies war das Grundverständnis der englischen Gartenarchitektin Gertrude Jekyll, und ihr internationaler Ruhm mag Beweis genug sein, dass Gartengestaltung eine kreative, künstlerische Tätigkeit ist. Neben Vorstellungskraft und Visionen ist eine der Voraussetzungen für den Erfolg dieser Arbeit aber auch ein profundes Wissen um die ständigen Veränderungsprozesse, denen ein Garten naturgemäß unterworfen ist.

Die niederländische Gartenarchitektin Mien Ruys hat Jahre darum gekämpft, mit ihrer gestalterischen Arbeit als Künstlerin anerkannt zu werden. In ihrem Garten in Dedemsvaart finden wir die Spuren ihrer siebzigjährigen Arbeit, die wahrhaftig künstlerisch zu nennen sind.

Manchmal sind es gerade die ganz einfachen Gestaltungsmerkmale, die einen Garten zu etwas Besonderem machen, die eine einmalige Stimmung oder Struktur erzeugen, indem sie wie in der Landschaftsmalerei mit Licht, Schatten und Farben spielen.

"Ein Wald braucht eine Lichtung", hat Mien Ruys einmal gesagt und diese These in ihrem Garten bestätigt. Eine fast runde freie Fläche in einem kleinen, waldigen Gartenbereich schafft ein Gefühl von Freiheit und Aufatmen-Können, eine Reduzierung auf das Wesentliche. Die Lichtung als freier Raum lässt die hoch aufragenden Baumstämme mit ihren ausladenden Kronen in den Mittelpunkt der Wahrnehmung rücken, obwohl sie doch eigentlich den Rahmen bilden. Die Ästhetik der alten Baumveteranen und ihrer skurrilen Wuchsformen gewinnt an Bedeutung, beim Betrachten empfindet man Respekt vor ihrem ehrwürdigen Alter. Die Inszenierung des Waldes durch einen freien Raum macht es unmöglich, »den Wald vor lauter Bäumen nicht zu sehen.«

Als plastisches Arbeiten kann auch Mien Ruys' Einsatz von Hecken und Formschnittgehölzen betrachtet werden. Sie schafft damit zugleich Räume und Körper oder erzeugt spannungsvolle Kontraste, indem sie die Kranzspiere *Stephanandra incisa* oder den Buchsbaum zu einem exakten Kubus schneiden lässt, wie er in der Natur nicht vorkommt.

Von ebenso künstlerischer Qualität ist der bewusste Einsatz von Farbnuancen, der den halbschattigen Garten durch gelbgrüne Töne warm und sonnendurchflutet erscheinen lässt.

Architektur durch Pflanzen

Die zarten und wilden Staudenpflanzungen vor der mehrreihigen Hecke mit ihren wunderschönen Schwüngen.

Der Garten des Niederländers Piet Oudolf ist in den letzten Jahren zu Recht in aller Munde, ebenso wie sein Gärtnereibetrieb und seine Bücher. Sein kreativer Umgang mit hohen Stauden ist geradezu atemberaubend. Er kreiert »wilde« Pflanzungen aus unkonventionellen und manchmal dramatischen Kombinationen von Stauden und Gräsern, die eine Leichtigkeit und Vielfalt vermitteln, wie man sie sonst nur auf naturgewachsenen Wiesen findet.

Ein Besuch des Gartens lohnt zu jeder Jahreszeit, denn Piet Oudolf schätzt Stauden nicht nur während ihrer Blütezeit, sondern vor allem auch wegen ihres Habitus, ihrer Strukturen, ihrer Blüten- und Blattformen. Ein faszinierendes Bild bietet sich im zeitigen Frühjahr oder im späten Herbst, wenn dürre Überreste bizarr anmutender Pflanzengestalten in Gelb, Ocker, Rot, Rost, Braun, Umbra oder Anthrazit überwiegen.

Als Kontrast zu seinen naturhaften Pflanzungen aus Stauden und Gräsern setzt Oudolf künstlerisch in Form geschnittene immergrüne oder laubabwerfende Gehölze ein, die an sorgfältig ausgewählten Punkten platziert sind. Vor allem die kunstvollen Eibenhecken (*Taxus baccata*) in seinem Garten sind ein Erlebnis. Sie setzen einen Schlusspunkt, der aber keineswegs das Ende des Gartens ist. Das Auge wird von dieser mehrreihigen Hecke angezogen, die wie eine lebendige, vielschichtige Pflanzenskulptur wirkt. Sie weckt die Neugier, denn es entstehen Körper, Räume und Linien, die aus der Nähe erkundet werden wollen. Leicht schwingende, horizontale Linien überlagern sich in verschiedenen Ebenen in der Ferne. Vor allem bei Sonnenschein entstehen durch das Licht faszinierende Schatteneffekte in vielen Nuancen heller und dunkler Grüntöne. Die vertikalen Linien der Eingänge unterbrechen diese waagerechten, fließenden Konturen und lassen die entstandenen Räume schon erahnen.

Als Blickfang ist wie eine Skulptur die Hortensie 'Kyushu' (*Hydrangea paniculata* 'Kyushu') in die Mitte vor die letzte Eibenreihe gesetzt, in der Senkrechten eingerahmt durch das exakt geschnittene, dunkelgrüne Nadelgehölz. Der eher rundkugelige, ausladende Wuchs dieser Hortensie mit ihren zarten, fast grün-weißen Blütenrispen, bildet einen spannungsvollen Kontrast zu den streng architektonischen Hecken.

Den geometrischen Formen der Hecke werden roter Knöterich und Chinaschilf gegenübergestellt.

Prunk

Architektur durch Pflanzen

Der Garten des Niederländers Piet Oudolf ist in den letzten Jahren zu Recht in aller Munde, ebenso wie sein Gärtnereibetrieb und seine Bücher. Sein kreativer Umgang mit hohen Stauden ist geradezu atemberaubend. Er kreiert »wilde« Pflanzungen aus unkonventionellen und manchmal dramatischen Kombinationen von Stauden und Gräsern, die eine Leichtigkeit und Vielfalt vermitteln, wie man sie sonst nur auf naturgewachsenen Wiesen findet.

Ein Besuch des Gartens lohnt zu jeder Jahreszeit, denn Piet Oudolf schätzt Stauden nicht nur während ihrer Blütezeit, sondern vor allem auch wegen ihres Habitus, ihrer Strukturen, ihrer Blüten- und Blattformen. Ein faszinierendes Bild bietet sich im zeitigen Frühjahr oder im späten Herbst, wenn dürre Überreste bizarr anmutender Pflanzengestalten in Gelb, Ocker, Rot, Rost, Braun, Umbra oder Anthrazit überwiegen.

Als Kontrast zu seinen naturhaften Pflanzungen aus Stauden und Gräsern setzt Oudolf künstlerisch in Form geschnittene immergrüne oder laubabwerfende Gehölze ein, die an sorgfältig ausgewählten Punkten platziert sind. Vor allem die kunstvollen Eibenhecken (*Taxus baccata*) in seinem Garten sind ein Erlebnis. Sie setzen einen Schlusspunkt, der aber keineswegs das Ende des Gartens ist. Das Auge wird von dieser mehrreihigen Hecke angezogen, die wie eine lebendige, vielschichtige Pflanzenskulptur wirkt. Sie weckt die Neugier, denn es entstehen Körper, Räume und Linien, die aus der Nähe erkundet werden wollen. Leicht schwingende, horizontale Linien überlagern sich in verschiedenen Ebenen in der Ferne. Vor allem bei Sonnenschein entstehen durch das Licht faszinierende Schatteneffekte in vielen Nuancen heller und dunkler Grüntöne. Die vertikalen Linien der Eingänge unterbrechen diese waagerechten, fließenden Konturen und lassen die entstandenen Räume schon erahnen.

Als Blickfang ist wie eine Skulptur die Hortensie 'Kyushu' (*Hydrangea paniculata* 'Kyushu') in die Mitte vor die letzte Eibenreihe gesetzt, in der Senkrechten eingerahmt durch das exakt geschnittene, dunkelgrüne Nadelgehölz. Der eher rundkugelige, ausladende Wuchs dieser Hortensie mit ihren zarten, fast grün-weißen Blütenrispen, bildet einen spannungsvollen Kontrast zu den streng architektonischen Hecken.

Die zarten und wilden Staudenpflanzungen vor der mehrreihigen Hecke mit ihren wunderschönen Schwüngen.

Den geometrischen Formen der Hecke werden roter Knöterich und Chinaschilf gegenübergestellt.

Prunk

Magische Zeichen

Seit mehr als zehn Jahren ist der Garten der Winklers im Oldenburgischen Land als »Gartengalerie« bekannt. Die Idee zu dieser Galerie hatte die Tochter der Familie, die Bildhauerin Insa Winkler. Alljährlich werden verschiedene Künstlerinnen und Künstler eingeladen, ihre Arbeiten auszustellen. Und wenn sich im Mai und Juni frisches Grün und prächtige Blütenfarben zeigen, öffnet die Familie für vier Wochen die Gartenpforten. Für viele Kunst- und Gartenliebhaber ist ein Besuch zu einem festen Bestandteil des persönlichen Sommerprogramms geworden.

Der japanische Künstler Shosak Mayata hat einen Zauber über den Rhododendrongarten gelegt. Eine kleine Zeichnung auf den Rotbuchenblättern einer Hecke gibt den ersten Hinweis. Sie zeigt zierliche, auf einander zulaufende Männchen, die wie eine Ankündigung wirken, neugierig machen und motivieren, es ihnen gleich zu tun. Denn um die zahlreichen, halb versteckten Zeichnungen zu entdecken, muss sich der Betrachter in Bewegung setzen, weiter gehen, sich recken oder bücken. Hier sind es kleine weiße Punkte auf einem Rhododendronblatt, dort Streifen und Farbtupfer, an anderer Stelle einzelne Worte auf zart grünen Staudenblättern. Um sicher zu gehen, dass man nichts übersehen hat, macht man sich bereitwillig noch einmal in anderer Richtung auf den Weg. Dabei fällt der Blick auch immer auf Pflanzendetails: der zart rosa Teppich der *Montia sibirica* gerät ins Blickfeld, daneben *Geranium*-Arten, deren Blüten sich manchmal nur durch zarte Äderungen unterscheiden, ein paar Schritte weiter Frauenmantel, auf dessen Blätter sich Tautropfen sammeln.

Die feinen Details der Blätter der Elfenblume, mal zart rot gezeichnet, mal in kräftigem Grün mit feingezahntem Rand, erkennt man wie nebenbei auf dieser Bildersuche. »Prunk« steht in Weiß auf einem dieser Blätter. Und nur bei genauer Betrachtung erkennt man den »Prunk« und die wunderschöne Feingliedrigkeit dieser bescheidenen Blume, die besondere Aufmerksamkeit verdient.

Die besondere Qualität dieser Kunstwerke von Shosak Mayata ist, dass sie uns das Große im Kleinen bewusst machen. Durch ihre Vergänglichkeit sind sie von den Veränderungen der Natur abhängig und führen den Betrachter behutsam dahin, den Garten mit einer ungeheuren Intensität zu erleben. Denn allzu gern begibt man sich auf einen dritten Rundgang, um den Garten selbst mit all seinen Räumen, Wegen, Bäumen, Sträuchern, Stauden, Düften, Licht- und Schattenspielen in seiner Gesamtheit zu erleben.

»Prunk« steht auf einem Blatt der Elfenblume, *Epimedium youngianum* 'Niveum'. Nichts von dem verkörpern die behaarten Blätter der Schaumblüte.

Zwei weiße Figuren laufen aufeinander zu. Sie animieren auch die Besucher und Besucherinnen, sich in Bewegung zu setzen, um den Garten zu entdecken (oben).

Die stilisierte Zeichnung eines Blattes mit Mittelrippe und Adern auf einem Rhododendronblatt (unten).

Buchsbaumstern

Die Öffnung des *Apple Maze* zeigt auf den Stamm des alten Apfelbaumes, dessen Krone sich schützend über den Stern wölbt.

Die künstlerische Auseinandersetzung mit Naturmaterialien begann in den USA bereits Mitte der sechziger Jahre. Dabei entstanden zunächst aufwändige, mit großen Maschinen ausgeführte »Erdarbeiten« auf abgelegenen, wüstenähnlichen Standorten. In England entwickelte sich mit Arbeiten von Richard Long die Land-Art und langsam auch eine veränderte Haltung gegenüber der Natur. Der künstlerische Umgang mit Pflanzen hatte sich – abgesehen von einigen Ausnahmen – noch nicht in der Kunstwelt etabliert. Die größte und bekannteste Kunstaktion in Deutschland war die Pflanzung von *7000 Eichen* von Joseph Beuys 1982 anlässlich der *dokumenta 7* in Kassel.

In den *KünstlerGärten* der Villa Haar in Weimar, hat die amerikanische Künstlerin Paula Hayes ein kleineres und einfacheres Werk geschaffen, ihr *Apple Maze. Maze* bedeutet Labyrinth oder Irrgarten, im übertragenen Sinne auch Verwirrung. Doch es ist auf der alten Obstwiese kein üblicher Irrgarten entstanden. Paula Hayes pflanzte einen jungen Apfelbaum und eine unregelmäßig sternförmige Buchsbaumhecke drumherum. Die Buchsbaumhecke ist an einer Stelle unterbrochen. Man kann dort in den Heckenraum eintreten. Wider Erwarten steht der Baum jenseits des Mittelpunktes in einer der fünf Sternspitzen.

Paula Hayes verknüpft bewusst in ihrer Arbeit als Künstlerin ihre anderen Berufe, sie ist auch als Gärtnerin und Landschaftsarchitektin tätig. Zentrales Thema ihrer Kunst sind Wachstum und Entwicklung. Der Beginn ihrer Arbeit ist meist eine Ausstellung, das Kunstwerk entwickelt dann seine Qualitäten im Laufe der Zeit. Seine Bedeutung entfaltet sich erst mit dem Wachstum, der Pflege, den jahreszeitlichen Veränderungen und der Wahrnehmung all dieser Aspekte. Das Beobachten des Entwicklungsprozesses eines Kunstwerkes aus Pflanzen steht bei ihren Arbeiten im Vordergrund. Daneben versucht sie den Grenzen zwischen der künstlerischen Arbeit, der Gartenarchitektur und des Gärtnerns nachzuspüren. Die alltäglichen gärtnerischen Tätigkeiten betrachtet sie dabei als Arbeit an der Pflanzen-Skulptur, die aus sich heraus den anderen, Veränderungen herbeiführenden Part übernimmt.

Täuschungen

Ein scheinbar geschlossener, gelber Ring umgibt den Baumstamm.

Wenn man den Standort nur etwas verändert, wird man der Täuschung gewahr: Der Ring besteht aus zwei einzelnen Teilen.

In der Niederlausitz sind in den letzten Jahren die Gärten der Sinne entstanden – ein Projekt, das sich mit Kunst, Natur und Landschaft auseinandersetzt.

Auf einem alten, zehn Hektar großen Gelände mit einem slawischen Burgwall, Wald- und Wiesenflächen, alten Obstbäumen und Quellgebieten haben seit 1997 verschiedene Kunstwerke ihren Platz gefunden. Besonders reizvoll sind diejenigen Teile, die im landläufigen Sinne als verwildert gelten könnten. Hier findet man eine Arbeit von Dimitri Xenakis, die während eines Symposiums im Sommer 2000 entstanden ist.

Der vertikale Stamm einer Eiche gerät ins Blickfeld. Ein hölzerner Ring aus gelb gefärbten Weidenruten umfängt den Stamm des Baumes. Im Vordergrund scheint der Ring auf dem Waldboden aufzuliegen, führt dann schräg nach oben um den Stamm herum und verharrt dort auf halber Höhe.

Der Standort der Betrachtung ist für das Bild, das sich offenbart, von entscheidender Bedeutung. Nur von einem ganz bestimmten Punkt aus ist das Weidenrutengeflecht als eine geschlossene, annähernd ovale Form zu erkennen. Tritt man jedoch einen Schritt zur Seite, wird deutlich, dass die dünnen Weidenäste in Wirklichkeit zwei Halbkreise bilden, die nicht miteinander verbunden sind. Durch die Verschiebung der Betrachtungsperspektive offenbart sich ein Bruch in der Form des Weidenringes. Es entsteht eine dunkle Lücke, durch die der braune Waldboden schimmert.

Diese Arbeit mit dem Titel *Broken Silence* begreift die ruhige Umgebung des Waldes als Kompositionen aus Linien und grafischen Zeichen.

Das ovale, umkränzende Weidengebilde stellt sich in seiner Form als Kontrast zum aufrechten Stamm der Eiche dar, während seine leuchtend gelbe Färbung ein Gegengewicht zum schattigen Grün der Bäume und zum Braun des Waldbodens bildet.

Natürlich macht dieses Kunstwerk auch unmissverständlich deutlich, wie sehr Einschätzung oder Interpretation eines Bildes von der Perspektive des Betrachters abhängig sind – und wie leicht man dabei einer Täuschung aufsitzt.

Abhängige Primadonnen

Die Namen von Rosen und Personen sind auf schwarzweißen Aufklebern zu lesen – hier die Princess of Wales.

Gäste der Gartenparty sind berühmte Rosen, die ebenso wie ihre illustren Namensgeber viel Aufmerksamkeit verlangen.

Der *KünstlerGarten* der Villa Haar in Weimar liegt direkt am Park an der Ilm. Hier haben Künstlerinnen und Künstler Pflanzen als lebendiges Material für ihre Werke eingesetzt.

Der Zugang zu diesem Garten lässt eher an Vernachlässigung, Vergänglichkeit und Auflösung denken. Die alten Mauern und Natursteintreppen sind in einem desolaten Zustand, dem Zusammenbruch nahe. Nur mit entsprechenden finanziellen Förderungsmaßnahmen kann dieses Projekt auch in Zukunft mit Leben gefüllt werden. Andererseits aber wird durch den Verfall der Bausubstanz der natürliche Prozess von Wachsen, Leben und Vergehen besonders sinnfällig.

Gloria Friedmann hat eine illustre »Gartenparty« versammelt. Berühmtheiten wie Johann Wolfgang von Goethe, Uwe Seeler, Gina Lollobrigida und die Princess of Wales haben sich in einem Halbkreis aufgestellt, als warteten sie auf den Pressefotografen. In lindgrünen Metallkübeln auf staksigen Beinen erheben sich gut einen Meter über dem Boden Rosenzüchtungen, die nach diesen Persönlichkeiten benannt wurden.

Wir betrachten Pflanzen als etwas Lebendiges. Im Unterschied zu Mensch und Tier sind sie allerdings fest im Boden verwurzelt, können ihren Platz nicht aus eigener Kraft verlassen. Das haben sie auch nicht nötig, denn sie beziehen alles, was sie zum Leben brauchen, aus dem Fleckchen Erde, in dem sie stehen. In den Kübeln haben die Rosen diese Erdbindung verloren, sie sind damit einer typischen Eigenschaft beraubt, die sie als Pflanzen auszeichnet. Sie sind für den Menschen leichter zu handhaben, können beliebig von einem Platz an den anderen gestellt werden. Doch um zu überleben, sind sie darauf angewiesen, dass sich jemand um sie kümmert. Und hier findet sich die Parallele zu ihren berühmten Namenspaten, deren Ruhm abhängig ist vom Wohlwollen eines aufmerksamen, applaudierenden Publikums.

Gerade mit der Rose, der Königin der Blumen, verbinden wir Eigenschaften wie Eleganz, Farbe und Duft, und mit einer roten Rose Drama, Liebe, Leidenschaft. Die Schönheit der hier zur Schau gestellten Rosen wird auf einer zweiten Ebene persifliert, indem ein nüchternes Schwarz-Weiß-Foto der jeweiligen Pflanze auf ihren Topf geklebt ist. Ihre Pracht ist im Abbild verblasst, sie gehört der Vergangenheit an.

PRINCESS OF WALES®

Metall, Feuer und Wasser

Dialog in Bronze

Viele der großformatigen Bronzen Henry Moores sind bekannt als Exponate im öffentlichen, meist städtischen Raum - allzu bekannt vielleicht schon. Überraschend anders wirken sie, wenn sie sich in einem Park oder in der Landschaft präsentieren.

Anlässlich einer Ausstellung in Bremen wurden die großen Bronze-Schafe in den Wallanlagen ausgestellt. Dieser Platz wird ihrem Wesen gerecht, auf der grünen Wiese gewinnen sie an Lebendigkeit. Sie scheinen in Bewegung zu sein und fordern geradezu auf, die kühle, metallene Glätte zu berühren, die mit einem wolligen Schaffell so gar nichts mehr zu tun hat.

Im Südwesten Schottlands steht – weithin sichtbar auf einer Hügelkuppe – ein altes, keltisches Kreuz. Zumindest aus der Ferne stellt sich angesichts des historischen Erbes dieser Landschaft eine solche Assoziation ein und verlockt zu Spekulationen. Möglicherweise war dieser exponierte Platz einmal eine vorchristliche Kultstätte, ein Ort spiritueller Kraft oder auch ein wichtiger, strategischer Punkt mit besonders gutem Überblick. In jedem Fall markiert dieses Kreuz einen Platz von außergewöhnlicher Bedeutung.

Im Näherkommen erkennt man, dass das vermeintliche Kreuz eine fast menschliche, schmale Gestalt besitzt. Es ist eine Bronze von Henry Moore, die hoch aufgerichtet Ausschau hält, vielleicht über plötzliche Veränderungen wacht oder Eindringlinge aufspürt.

Der Wächter auf dem Hügel könnte seine Entdeckungen dem Mann mitteilen, der weit unter ihm am Wasser steht und einem imaginären Gegenüber eine Rede hält. Eine Hand ist ausgestreckt, als erkläre er etwas äußerst Wichtiges, ein Bein hat er dynamisch vor das andere gestellt, als wolle er gleich auf seinen Zuhörer zugehen, um seinen Worten noch mehr Gewicht zu verleihen. Es ist eine Bronzeplastik von Rodin mit der für den Künstler typischen, kraftvollen Gestik, die diese einsame Landschaft belebt.

Die Bronze von Henry Moore, die schon ehrwürdige Patina angesetzt hat, überblickt den kleinen See.

Bronze von Auguste Rodin mit einer für seine Arbeit typischen Gestik.

Das Königspaar

König und Königin haben die Hände in den Schoß gelegt und blicken gelassen auf die Landschaft.

Relativ unbeteiligt beobachtet das bronzene Paar *König* und *Königin* von Henry Moore die karge, schottische Landschaft mit den beiden aufrecht stehenden Bronzen von Moore und Rodin.

Sie sitzen auf einer Bank mitten auf einer zum Wasser hin abfallenden Viehweide und hören dem Redner aus sicherem Abstand zu. Ihre Gesichter zeigen eine gewisse Aufmerksamkeit, sie könnten aber ebensogut in den Anblick der Landschaft versunken sein. Vielleicht haben sie gerade einen Abendspaziergang gemacht, beobachten nun schweigend den Sonnenuntergang und versuchen dabei, das Bild mit all seinen Einzelheiten in sich aufzunehmen. Möglicherweise nehmen sie auch Abschied oder sind gerade erst angekommen und begrüßen ihre neue Umgebung. Und doch verkörpern sie eine gewisse Sprachlosigkeit.

Auf ihrer Bank ist kein Platz, um sich neben ihnen niederzulassen, doch haben diese beiden eine sehr intensive, einladende Ausstrahlung. Sie veranlassen den Betrachter, sich in ihren Blick einzufühlen. Man versucht nachzuempfinden, was sie wohl sehen können und lässt sich dadurch unwillkürlich darauf ein, die Umgebung mit allen ihren Details genau zu erfassen: grauer Himmel, Nieselregen, braun-grüne Hügel, gelb blühender Stechginster, ein kleiner Fluss, der in einen See mündet, Kühe auf den Weiden – und eine unendliche Ruhe, die eine schwer zu definierende Mischung aus Einsamkeit und Gelassenheit vermittelt.

Geschunden

Steinbrüche sind zugleich faszinierende und erschreckende Landschaften. Hartes, widerstandsfähiges Gestein scheint plötzlich wehrlos, wenn sich Maschinen unaufhaltsam in die Steinberge hineinfressen. Zerklüftet, rau, kalt und nackt erheben sich die Konturen der versehrten Landschaft.

Bei Schopfloch auf der Schwäbischen Alb liegt ein kleiner, stillgelegter Marmorsteinbruch, der zum Naturschutzgebiet erklärt wurde. Seit der Stilllegung hat sich auf dem mageren Boden wieder spärlicher und doch vielfältiger Bewuchs eingestellt, doch die drastischen Eingriffe des Menschen sind noch immer deutlich: Trichter, Abbruchkanten, Geröllandschaft.

Die Dramatik der Landschaft wird betont durch Skulpturen, die hier 1999 im Rahmen der Ausstellung »Der Große Alb-Gang« platziert wurden. Obgleich von drei verschiedenen Künstlern erschaffen, sind sie zu einer Gesamtinstallation verschmolzen. Gemeinsames Thema ist das Geschunden-Sein von Mensch und Natur.

Die dreiteilige *Kreuzigungsgruppe* von Alfred Hrdlicka drückt Schmerz, Verletzung und zugleich Körperlichkeit aus. Alle drei Figuren sind in der für Hrdlicka typischen künstlerischen Arbeitsweise als Torsi dargestellt. Durch fortwährende Bearbeitung und Veränderung finden sie schließlich keinen eigenständigen Halt mehr und brauchen die Stütze eines Kreuzes.

Die Körper werden zwar bruchstückhaft auf Kopf und Leib reduziert, bilden aber doch ein Ganzes, ein noch Lebendiges. Besonders deutlich wird diese Lebendigkeit bei der Figur des Gekreuzigten mit seinem großen, bis ins Detail ausgearbeiteten Genital, das äußerst kontroverse Diskussionen entflammt hat. Physisches und psychisches Leiden und Leben finden hier ihren Ausdruck.

K.H. Turk schuf mit seiner Arbeit *Wie ein Altar* aus Eisen, Diabas und Stahl eine dramatische Ergänzung zu dieser Inszenierung. Die kompakte, geschlossene Form erinnert an einen Opfertisch. Die Elemente Metall und Stein verschmelzen zu einem massiven Block und bilden eine unauflösliche Einheit. Kraftvoll setzt der Altar der zerklüfteten Landschaft und den geschundenen Torsi seine kompakte Solidität entgegen. Form und Titel des Werkes treten in einen Dialog mit der Umgebung und den Betrachtern. Was wird hier wem und warum geopfert?

Die dreiteilige *Kreuzigungsgruppe* von Alfred Hrdlicka vor der zerklüfteten Steinbruch-Landschaft.

Wie ein Altar von Turk steht mit großer Solidität am Fuße des Steinbruchs.

Um jeden Preis

Wolfgang Biers geschundene Figur kann sich nur noch auf einem Rollwagen fortbewegen.

Die *Figur auf Wagen* von Wolfgang Bier, die König und Krieger zugleich ist, ergänzt das zuvor beschriebene Ensemble. Der konturlose Rumpf der Skulptur suggeriert an Stelle des Kopfes einen Helm. Hier steht ein Soldat maschinenhaft und erstarrt. Die Arme sind nur angedeutet. In Erwartung eines Befehls erscheinen sie fest an den Körper gepresst. Verstümmelt ist er, anstelle von Beinen trägt ihn ein Rollwagen. Der maschinenhafte, gestählte Körper des Soldaten zeigt die tiefen Wunden eines Kampfes, aber auf dem Kopf trägt er eine Krone.

Um welchen Preis bewahren verwundete Krieger oder machtlose Könige immer noch Haltung? Es scheinen die Insignen der Macht zu sein, die sie erhalten und leiten. Deswegen und um jeden Preis wird an ihnen festgehalten. Lächerlich wirkt die Krone auf dem Haupt des tief verletzten Soldaten. Eines scheint gewiss: Einer Zerstörung folgt Demütigung und Ohnmacht. Kriege zeigen das immer wieder.

Kupferne Klone

Schon von Ferne stellt sich Unbehagen ein. Aus einem kleinen Wald im Park von Goodwood bewegen sich unheimliche Figuren auf den Betrachter zu. Im Näherkommen werden es immer mehr, die aus ihrem Versteck herauszutreten scheinen, bis man schließlich vierzig bruchstückhaften, männlichen Gestalten gegenüber steht.

Der Engländer Peter Burke hat diese Arbeit *Host* genannt, was Hausherr oder auch Kriegsheer heißen kann. In ihrer Vielzahl und Formation wirken sie nicht wie freundliche Gastgeber sondern vielmehr wie dunkle, Angst einflößende Krieger.

Wagt man sich näher heran, verlieren sie etwas von ihrer massiven Bedrohlichkeit. Ihre Augen sind blind und den hohlen, aus kupfernen Halbschalen geformten Körpern fehlen die Arme. Die Kupferbleche sind nur notdürftig zusammengenietet und lassen bewusst den Entstehungsprozess der Gestalten erkennen. Rostige Metallschienen halten ihre Oberkörper zusammen. Aus alten kupfernen Wassertanks fertigte Peter Burke einzelne Bleche und presste sie jeweils auf die Vorder- und Rückseite einer Vorlage eines männlichen Körpers. Um den zur Verformung der Bleche nötigen Druck zu erreichen, musste Burke eine große Industriepresse einsetzen.

Durch die sichtbare Vervielfältigung erhalten die Körper etwas Beliebiges, Unwichtiges. Sie sind jederzeit reproduzierbar und unterscheiden sich in ihrem Wesen nicht. Durch die Unterschiede der äußeren Hülle werden sie zwar zu Individuen, doch gleichzeitig bleiben sie als Gegenstände erkennbar, die mit großer Kraft geformt wurden. Ihre Hülle ist brüchig, unvollständig, flüchtig. Wie ein faltiger Schleier legt sich das Kupfer über Körper und Gesicht und lässt nicht zu, dass charakteristische Merkmale jeder einzelnen Gestalt klar hervortreten.

Die Figuren lassen durch ihr Erscheinungsbild, ihre Anzahl und ihre frontale Aufstellung unwillkürlich an Soldaten denken. Ganz plötzlich, wie aus einem Hinterhalt, tauchen sie aus dem Schatten der Bäume auf. Die Farbe des Kupfers verschwimmt vor den Schattierungen der Stämme, bis die Männer schließlich ihre Deckung aufgeben. Die Übereinstimmung der Formelemente werden dabei zum Symbol eines gemeinsamen Anliegens. Es bleibt der Interpretation des Betrachters überlassen, ob sich die Kupfersoldaten auf einem offensiven Eroberungszug befinden oder ihren Wald gegen fremde Eindringlinge verteidigen.

Wie altes Leder legt sich das Kupfer über Gesicht und Körper.

Gefährliche Eindringlinge oder entschiedene Verteidiger? Die kupfernen Menschen haben Aufstellung genommen.

Ungeschützt

Auf einem freien Feld reihen sich Rücken aneinander – die Formation entspricht dem Pflanzraster der Olivenbäume am Hang.

Auf einer leicht abschüssigen Wiese auf dem Außengelände der Villa Celle in der Toskana, umgeben von Oliven- und Götterbäumen und einem Stacheldrahtzaun, hat die polnische Bildhauerin Magdalena Abakanowizc eine Installation aus 33 schalenförmigen Bronzen aufgestellt. Die Aufreihung dieser kopf- und gliederlosen Torsi, strategisch verteilt wie auf einem Schachbrett, verleiht ihnen etwas Soldatisches. Die Vervielfältigung macht die Figuren zu einer monotonen und anonymen Masse, die ein Ganzes darstellen und doch Individuen sein wollen.

Unbeweglich und ungeschützt stehen diese Rücken da und lassen Assoziationen von Verletzlichkeit und Verlust aufkommen. Den Formen fehlt die Rückendeckung, man kann ihnen leicht in den Rücken fallen. In diesem Sinne stehen sie auch für die persönliche Auseinandersetzung der Künstlerin mit der eigenen und der menschlichen Angst, mit dem permanenten Kampf um die Beherrschung der eigenen Natur.

Magdalena Abakanowicz hat aus Styroporblöcken sechs Prototypen geschnitten und diese mit Bronze ausgegossen. Dadurch sind entsprechend den Modellvorgaben identische Außenseiten entstanden, die auf Anpassung und Konformität hindeuten.

Das ebenfalls sichtbare Innenleben dagegen ist unterschiedlich ausgeformt und geprägt. Man erkennt die Wirbelsäule – doppeldeutig auch als Rückgrat zu betrachten – und die einzelnen Rippenbogen, die sich beim Atmen eines lebendigen Wesens heben und senken. Doch gleichzeitig lassen diese 33 inkompletten Figuren auch an Särge oder Mumien denken, an Konservierung oder alte Grabfunde, die etwas über die Vergangenheit der Menschen oder über den ewigen Lebenskampf erzählen könnten.

Diese Installation ist am Ausstellungsort entstanden. Magdalena Abakanowicz wählte bewusst nicht den romantischen Park der Villa Celle als Rahmen für ihr Kunstwerk. Der Park, der in seiner jetzigen Form im 19. Jahrhundert gestaltet wurde, war für sie viel zu sehr ein idealisiertes Gartenparadies mit dem Anliegen, eine ausgeglichene, harmonische Umgebung für die Menschen zu schaffen. Sie wählte für ihre Arbeit ein offenes Feld in einer Landschaft, von der sie selbst gern ein Teil wäre und nannte ihr Werk *Katharsis.*

Balanceakt

Im Garten von Daniel Spoerri ist der Besucher aufgefordert, einen »Initiationsweg« zu beschreiten, um dem Garten und den vielen künstlerischen Arbeiten zu begegnen. Auf dem scheinbar unberührten, hügeligen Gelände mit Olivenbäumen, Zypressen, Ginster, Stein- und Flaumeichen, Esskastanien, Wacholder und Lorbeer verbergen sich mehr als sechzig Arbeiten berühmter zeitgenössischer Künstlerinnen und Künstler, die es auf diesem Weg nach und nach zu entdecken gilt.

Einige Kunstwerke stehen versteckt in kleinen Wäldchen, andere in einsehbaren Senken. Eine von ihnen ist *Continuo* von Roberto Barni. Unter zwei Olivenbäumen schwingt eine Metallskulptur in hellem Blau aus – zumindest entsteht für den Betrachter der Eindruck einer Bewegung. Auf den äußeren Enden eines großen, halbrund gebogenen Doppelrahmens, der an den Unterbau eines Schaukelpferdes erinnert, stehen zwei Männer einander gegenüber.

Sie halten Balance, um zu neuem Schwung und Bewegung anzusetzen. Oder belauern sie einander, wer als erster den entscheidenden Impuls gibt? Nur gemeinsam ist diese Schaukel in Bewegung zu setzen und in Schwung zu halten. Im Zusammenwirken erhält jeder der beiden Männer die Möglichkeit, sich in die Luft zu schwingen, über die Hügel hinweg zu sehen, Neues zu entdecken. Zöge eine der Personen sich zurück, verlöre die andere das Gleichgewicht. Dualität ist das Thema dieser Skulptur – Bewegung und Erstarrung, Balance und Ungleichgewicht, Ausgewogenheit und Einseitigkeit. Mancher Betrachter mag auch Machtkampf oder wechselseitige Abhängigkeit assoziieren.

Selbst wenn die Schaukel stärker zur einen Seite geneigt ist, steht doch der Aspekt der Balance und Ausgewogenheit im Vordergrund – und auch der spielerische Gesichtspunkt ist kaum zu übersehen. Hätten sich die beiden Männer einen besseren Ort wünschen können als diese Senke im lichten Schatten der beiden Olivenbäume? Sogar die Bäume drücken ein Zusammenspiel aus. Sie bilden ein Paar, das sich gegenseitig ergänzt und in seiner Zweisamkeit den Schaukelnden Schatten spendet.

Die schaukelnden Männer im Schatten zweier Olivenbäume.

Die Sonne zeichnet die Gegenbewegung der Schaukel auf den Boden.

Haus auf Zehenspitzen

Das *Haus-Haus* erhebt sich elegant tanzend aus der Wiese.

Das bekannte Symbol für ein Haus - Giebelansicht mit Spitzdach – hat Werner Pokorny durch Spiegelung entlang der Grundlinie verdoppelt und in die mehr als fünf Meter hohe Plastik *Haus-Haus* verwandelt. Das verdoppelte Haus, jeweils oben und unten mit einem spitzen Giebel versehen, ist in seiner Symbolik für jeden verständlich.

Wie auf Zehenspitzen balanciert es auf einer der Giebelspitzen. Und es steht nicht gerade und aufrecht, sondern es biegt sich in der Luft, stemmt sich vielleicht gegen den Wind. Durch diese ungewohnte Flexibilität wirkt das doppelte Haus unvorstellbar leicht, es scheint fast zu tanzen.

Es ist geschlossen und durchsichtig zugleich. Durch seine simple, einem Piktogramm ähnliche Form weckt es Assoziationen an Massivität und Solidität. Langgestreckte Öffnungen, die Fenster oder Türen sein könnten, erlauben Durchblicke und verleihen dem vermeintlich soliden Bau große Leichtigkeit. Der schwebende Zustand des Doppelhauses wirkt wie ein Wunder der Technik oder der Statik, kaum mit dem verwendeten, schweren Material – dem Stahl – vereinbar.

Unsere Wahrnehmung scheint unsere sonstigen Erfahrungen auf den Kopf zu stellen. Möglich wird dieses Erlebnis durch den Gegensatz der fast anmutig schwingenden Form und dem Material der Plastik. Einzelne Bleche aus Corten-Stahl sind zu einem Korpus verschweißt und umschließen einen vermeintlich leeren, doch mit Luft gefüllten Raum.

Einerseits erscheint diese Plastik durch die typischen Eigenschaften des Corten-Stahls rostig und alt, andererseits wirkt sie durch ihre sachliche Form schlicht, modern und völlig intakt. Sie erhebt sich einsam auf einer Wiese der Schopflocher Alb und man könnte sie für das einzige offensichtliche Zeichen einer Zivilisation halten, wären da nicht die Kondensstreifen von Flugzeugen am Himmel und das Rapsfeld zu unseren Füßen.

Franz Bernhards *Kopf mit Nase* blickt nachsinnend über die Landschaft.

Schwatzende Gefäße

Übergroße Gefäße stehen wie schwatzende Gestalten auf einer Lichtung.

Space Emptied Out heißt eine dreiteilige Plastik von Eilis O'Connell. Schon der Titel beinhaltet einen gewissen Widerspruch, gehen wir doch davon aus, dass Räume oder Gefäße dazu bestimmt sind, Flüssigkeiten oder feste Stoffe zu enthalten.

Die drei übergroßen Behältnisse könnten gut in einer Küche Platz finden. Es sind zwei Kannen aus Bronze und Corten-Stahl, vielleicht für Olivenöl oder Essig, sowie ein besonders schönes Gefäß aus korbartig geflochtenem, glänzenden Edelstahl, das sich zur Aufbewahrung von Reis oder anderem Getreide eignen würde.

Eine freie Rasenfläche in der Skulpturengalerie von Goodwood bietet einen hellen Ausstellungsraum, in dem die unterschiedlichen Oberflächenstrukturen, Formen und Farben der Plastik durch die grüne Umrahmung aus Sträuchern und Bäumen besonders gut zur Geltung kommen. Wird das korbartige Geflecht des Edelstahlkörpers durch die Sonne angestrahlt, lassen Licht- und Schattenspiele die reliefartige Oberfläche plastisch hervortreten. Das Rostrot des Corten-Stahls bildet fast die Komplementärfarbe zum Grün der Bäume und produziert einen intensiven und zugleich organisch wirkenden Kontrast.

Lediglich die Größenverhältnisse sind etwas verrückt. Die Konstellation wirkt irreal, denn die Gegenständlichkeit der Plastik scheint im Widerspruch zu ihren überproportionierten Ausmaßen zu stehen. Die Bäume wirken im Verhältnis zu den Gefäßen klein, die betrachtenden Menschen sind zu Däumlingen geschrumpft.

Aus größerer Distanz betrachtet wirken die drei Plastiken wie eine Gruppe von Menschen mit ganz unterschiedlichen Charakteren, die sich auf einem Platz getroffen haben. Sie stecken die Hälse zusammen – denn Köpfe sind nicht sichtbar – um vielleicht die neuesten Sensationen zu diskutieren oder zu streiten. Wie ein Schwall ergießen sich die Worte aus den Öffnungen der metallenen Figuren, die so zu einem inhaltlosen Raum werden.

Und selbst den Gartenraum haben sie entleert, indem sie diesen Platz allein für sich beanspruchen. Andererseits füllen sie ihn aber auch durch die massive Präsenz ihrer Körper.

Sogar der Raum zwischen den Gefäßen gewinnt an Bedeutung, indem er zu Spekulationen über die feinen Nuancen von Nähe und Distanz einlädt.

Das Bronzezimmer

Als hätte der Bewohner den Raum in aller Eile verlassen, die Reste einer Mahlzeit und Geschirr stehen noch auf dem Tisch.

Durch das geöffnete Fenster fällt der Blick in das Bronzezimmer.

Das Zimmer, das Daniel Spoerri zwischen Bäumen und Sträuchern versteckt in seinem Garten ausstellt, ist tatsächlich ein kompletter Raum aus Metall.

Eine ganze Phase seiner künstlerischen Arbeit, die er in Paris begonnen hat, wird hier in der Toskana noch einmal neu belebt. Die *Chambre No. 13 de l'hôtel Carcassone Paris 1959-65* ist eine bronzene Nachbildung des Zimmers, in dem Daniel Spoerri in Paris wohnte und arbeitete. Der Künstler hat mit diesem Werk versucht, die Vergangenheit einzufangen und ihr auch in der Gegenwart einen Platz einzuräumen.

Berühmt geworden ist Spoerri mit seinen »Fallenbildern". Alltagssituationen wie ein unaufgeräumter Frühstückstisch, überquellende Aschenbecher, Reste von altem Brot, eine Gabel und ein Messer sind festgehalten, eingefangen oder in die Falle gegangen. Spoerri gab solchen alltäglich und zufällig wirkenden Details einen neuen ästhetischen Stellenwert, indem er sie in Bilder verwandelte. Gegenstände, die eigentlich in der Waagerechten auf dem Tisch liegen, hängte er senkrecht an die Wand oder nagelte sie auf einen Stuhl, um diesen dann mit seinen Füßen an der Wand zu befestigen. Durch Auflösung der vertrauten Ordnung und Perspektive verursacht er beim Betrachter Verwirrung und zugleich eine gesteigerte Aufmerksamkeit.

Solche Manipulationen der Wahrnehmung sind auch in dem bronzenen Zimmer zu spüren. Durch ein offenes Fenster fällt Licht in den Raum. Das Zimmer hat keine Decke, sodass einige Sonnenstrahlen auch von oben ungehindert eindringen können. Die Schattenmuster, die das Laub der Bäume auf den Wänden malt, präsentieren das Zimmer in einem ungewohnten Licht und verändern die Stimmung des Raumes.

Zimmer, Möbel und Alltagsgegenstände sind mit großer handwerklicher Kunst sehr realistisch und lebendig nachgebildet und machen doch einen verlassenen Eindruck, denn auf dem Boden liegt Laub und ein leichter Wind strömt durch das offene Fenster und die Tür.

Beim Betreten des Raumes stellt sich weitere Verwirrung ein. Weil der Fußboden in zwei verschiedene Richtungen geneigt ist, wird die Irritation für die Besucher körperlich spürbar. Das Gleichgewichtsgefühl wird durcheinander gebracht, die vertraute Raumerfahrung in Frage gestellt. Der Besucher wird zu erhöhter Aufmerksamkeit veranlasst und nimmt dadurch unwillkürlich seine Umgebung intensiver wahr.

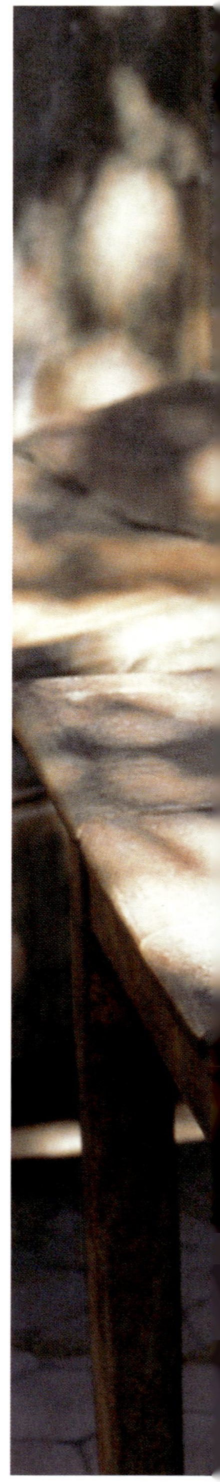

Illusion der Zeit

Wie ein prähistorisches Gürteltier liegt diese Plastik im romantischen Garten der Villa di Celle.

Auf einem Kunstspaziergang durch den alten Garten der Villa Celle stößt man unversehens auf eine Art uraltes Gürteltier, ein prähistorisches Fossil. Im feuchten Schatten von Steineichen, *Quercus ilex*, an deren Stämmen Efeu empor kriecht, liegt dieses unbekannte Wesen, als sei es hier zu Hause und habe nie woanders gelebt.

Die zahlreichen gedrehten und gefalteten, konzentrischen Stahlringe, aus denen sein Körper besteht, zeigen einen deutlichen Rhythmus und vermitteln eine Vorstellung von Leben und Beweglichkeit. Man rechnet geradezu damit, dass das Tier sich durch den aufdringlichen Besucher gestört fühlt, im nächsten Moment langsam den Kopf hebt und sich träge auf seinen verschiedenen Körpergliedern vom Fleck bewegt. Ebenso könnten sich die Baumwurzeln in kriechende Schlangen verwandeln.

Es dauert einen Moment, bis dem Betrachter bewusst wird, das er einer Täuschung aufgesessen ist. Die Skulptur *Grande Estruso* von Fabrizio Corneli, die so unmissverständlich an ein ausgestorbenes Urtier erinnert, passt nur vermeintlich in diesen erst zwei Jahrhunderte jungen Garten. Was sind schon zwei Jahrhunderte im Vergleich zu dem vergangenen Zeitraum, als Riesenechsen oder Saurier noch auf der Erde lebten? Und was geschah in der Zeit zwischen dem Aussterben dieser Tiere und der Anlage des Gartens?

Auf sehr subtile Weise führt diese Plastik dem Betrachter das menschliche Unvermögen vor Augen, den Begriff der Zeit zu erfassen. Ein Zeitraum von nur zweihundert Jahren liegt jenseits des Erlebbaren und wird allzu leicht gleichgesetzt mit einer vergangenen Periode von mehreren Millionen Jahren. Dem Betrachter wird bewusst, wie schnell die immerwährenden Versuche des Menschen, die Wirklichkeit zu begreifen, an den Grenzen unserer Vorstellungskraft scheitern. Die Dimension der Zeit als ein Aspekt der Wirklichkeit ist für uns nicht greifbar, erscheint flüchtig, denn sie vergeht einfach. Das Wissen um dieses Unvermögen ist keineswegs neu, schon Seneca gab deshalb den Rat: »Fang jetzt an zu leben und zähle jeden Tag als ein Leben für sich.«

Gusseiserne Gnome

Im hohen Gras unter den Olivenbäumen im Garten von Daniel Spoerri stehen zehn kleine, gusseiserne Figuren des schwedischen Künstlers Erik Dietmann.

Er nannte seine Phantasiegestalten *Diabolische Zwerge* (*Les nains diaboliques protègent les oliviers et Dadanier*), doch so richtig teuflisch sehen sie eigentlich auf den ersten Blick nicht aus. Sie tragen lustige Namen wie Pic, Puck oder Pam – und die passen auch zu ihnen. Doch die Namen sind nicht einer konkreten Figur zugeordnet, sondern die Besucher sind aufgefordert, selbst eine mögliche Auswahl zu treffen, sich von ihren eigenen Eindrücken und Beobachtungen leiten zu lassen.

Betrachtet man die Eigenheiten und Merkwürdigkeiten jedes einzelnen Zwerges, entstehen möglicherweise ganz neue Namen.

Mal sind es Tierfiguren mit aufgerissenem Maul und scharfen Zähnen, mal eher Gestalten mit menschlichen Zügen und warnendem Blick. Einer der Zwerge zeigt eine gewisse Verwandtschaft mit einem wütenden Charlie Brown. Einzeln betrachtet sehen diese Gnome zwar grimmig, aber nicht wirklich bedrohlich aus – eher listig, vielleicht etwas gemein. Der Aspekt des Teuflischen liegt wohl in der Vorstellung, dass diese Wesen, wenn sie sich zusammenrotten, schon allerlei ausrichten könnten.

Erik Dietmann, ein langjähriger Freund Daniel Spoerris, ließ sich von dem Olivenhain zu seiner Arbeit inspirieren. Dieser Ort hatte es ihm bei einem Besuch angetan, schien ihm wertvoll und schützenswert. Die Versammlung der skurrilen Gestalten verleiht dem Olivenhain tatsächlich eine ganz besondere Ausstrahlung. Die Gnome blicken den Besuchern nicht gerade freundlich entgegen. Mit der ihnen möglichen Entschlossenheit und ihren bedrohlichen Gebärden warnen sie vor den Konsequenzen unwillkommener Störungen und Eingriffe!

Die Stirn bedrohlich zusammengezogen, der Mund wie zu einem Knurren verzerrt – sollte hier Charlie Brown Pate gestanden haben?

Die Versammlung der teuflischen Zwerge im hohen Gras unter den Olivenbäumen.

Gespiegeltes Mobile

Transparenz und Spiel mit geometrischen Formen, die sich im Wasser spiegeln.

Allein aus dem Element Wasser lässt sich kaum ein Kunstwerk schaffen, es sei denn, man wählte seine vergängliche Form Eis. Und doch spielt Wasser sowohl in der Gartengestaltung als auch in der Kunst eine bedeutende Rolle mit langer Tradition. Schon in den Gärten der Römer wurde Wasser als belebendes Element eingesetzt. Als flexibles und vielseitiges Gestaltungsmittel, mit dem sich beispielsweise in Form von Brunnen auf vielfältige Weise spielen lässt, hat es seit jeher für Künstler einen großen Reiz.

Fausto Melottis Installation *Theme and Variations II* aus glänzendem Edelstahl spielt zwar nicht direkt mit dem Wasser, wohl aber mit den für Wasser charakteristischen Aspekten der Transparenz und Spiegelung.

Eine sechs Meter hohe Edelstahlinstallation erhebt sich über dem Wasser eines kleinen Teiches im Garten der Fattoria di Celle. Die acht Einzelelemente der Plastik variieren die geometrischen Formen von Rechteck, Quadrat und Oval, spielen mit waagerechten und senkrechten Linien. Trotz der beeindruckenden Gesamthöhe scheinen die Einzelteile leicht und filigran.

Diese Arbeit wirkt wie ein Mobile, das vom Wind bewegt wird und so eine spielerische Beziehung zum Element Luft eingeht. Doch auch das Element Wasser wird in dieses Spiel einbezogen. Das glatte, glänzende Material des Edelstahls spiegelt sich ebenso glänzend in der Oberfläche des Wassers, wird gebrochen bei stärkerem Wind und setzt sich bei Sonne und Windstille wieder neu zusammen.

Der Titel der Arbeit *Theme and Variations II* stellt sich selbst durch die ständigen Veränderungen immer wieder dar. Die Leichtigkeit und Transparenz der Installation erlaubt wechselnde Durchblicke auf den Garten. Gleichzeitig spiegeln sich in den glatten Edelstahlflächen, wenn auch nur schemenhaft, die Farben des Gartens und des Wassers. Dieses Kunstwerk dringt nicht gewaltsam in die natürliche Umgebung ein, es stellt sich nicht in den Vordergrund. Vielmehr entsteht ein Eindruck des gegenseitigen Durchdringens, des Verschmelzens und Fließens.

Konzentrische Kreise

Auf den ersten Blick ist die Installation *Cellsmic* von Michael Gerard kaum zu sehen. Man entdeckt sie von einer Brücke, die über einen kleinen Teich führt und ein idealer Ort ist, diese flach auf den Wasser liegende Plastik auf sich wirken zu lassen.

Michael Gerard knüpft an die Überlegungen Leonardo da Vincis über die konzentrischen Kreise an, die sich bilden, wenn ein Gegenstand in relativ ruhiges Wasser fällt. Gleichzeitig greift er den Gedanken der Transparenz auf, der mit dem Element Wasser assoziiert wird.

Es ist eine meditative Arbeit, die ein Nachsinnen auslöst. Unwillkürlich wartet man, ob ein Gegenstand ins Wasser fällt – und plötzlich geschieht dies auch: am unteren Rand des Bildes sind noch die kleinen, konzentrischen Wellen zu erkennen, deren Bewegung langsam nachlässt!

Doch die Installation fordert auch auf, selbst aktiv zu werden. Sie beinhaltet eine Einladung, mit dieser Arbeit zu spielen und selbst ein Phänomen hervorzurufen, das jedem vertraut ist und das dennoch seine Faszination niemals zu verlieren scheint. So entsteht eine direkte Interaktion zwischen dem Betrachter und dem Werk des Künstlers.

Neben Bronze und anderen Metallen hat Michael Gerard für seine Arbeit Glas gewählt, das durch seine Transparenz dem Wasser verwandt und darum besonders angemessen ist. Es trägt zu der zurückhaltenden Unauffälligkeit dieser Installation bei, bildet andererseits aber einen subtilen Kontrast, denn Glas ist ein starres Material, das der Fließbewegung des Wasser entgegensteht.

41 Bronzekegel tragen unregelmäßige Glasscheiben, die an dünne Eisschollen denken lassen. Flache Aluminiumblöcke sind auf ihnen in konzentrischen Kreisformen angeordnet. Diese Installation schwimmt auf dem Wasser und suggeriert dadurch Beweglichkeit und Veränderlichkeit. Dennoch hat sie einen bestimmten Moment der Bewegung, die konzentrischen, sich ausbreitenden Kreise, eingefroren.

Durch die Position im Freien verändert sich das Aussehen der Installation ständig. Das leichte Fließen des Wassers, das Schattenspiel der Bäume, der Staub in der Luft und das fallende Laub beeinflussen die Wirkung der Plastik und trüben gelegentlich Wasser und Glas, die doch eigentlich Assoziationen von Reinheit und Klarheit wecken.

Der Titel *Cellsmic* hat sowohl mit dem Ort, Celle, als auch mit seismischen Erscheinungen zu tun. Unten im Bild die konzentrischen Kreise im Wasser.

Im verwilderten Grün des Parks schwimmt die Plastik auf der Wasseroberfläche.

ALEXEJ
GABRIELE

Schwimmende Namen

Im Rahmen der Ausstellung »Blaue Reiter« in der Kunsthalle Bremen haben sich die Verantwortlichen viele unkonventionelle Werbemaßnahmen einfallen lassen. Überall in der Stadt war das blaue Symbol für die Ausstellung zu sehen, an Plakatwänden, an Laternenmasten und sogar mit Schablonen auf die Bürgersteige gesprüht.

Eine besonders reizvolle Kunst-Werbung – fast schon selbst ein Kunstwerk – überraschte die Besucher der Wallanlagen. Auf der Wasseroberfläche des Wallgrabens schwammen die Vornamen der Künstler, deren Werke ausgestellt wurden: Franz, Alexej, Gabriele...

Metallene Schriftzüge in klaren, kräftigen Farben wiegten sich sacht auf dem Wasser. Durch die Bewegung war die Schrift mal mehr, mal weniger lesbar, manchmal musste man den Inhalt der Buchstaben auch erraten.

Bei ruhigem Wetter und Sonnenschein zauberten die klaren Farben spielerische Effekte auf der eher dunklen Wasseroberfläche. Das kräftige Rot, in dem der Name Franz auf dem Wasser stand, sprang hervor, spiegelte sich im grün-braunen Wasser und leuchtete vor dem Grün der umgebenden Bäume und abfallenden Rasenflächen. Das Blau des Namens Alexej dagegen schien eher in den Grüntönen zu versinken.

Eine Brücke, die an dieser Stelle über den Wallgraben führt, lud zum Innehalten ein. Auf das Geländer gestützt konnte man diesen Ort der Ruhe genießen, die Farben auf sich wirken lassen, die sanften Bewegungen beobachten und sich über die Leichtigkeit der schwimmenden Buchstaben wundern, die doch eigentlich aufgrund ihres Gewichtes im Wallgraben versinken müssten.

Die Namen drehen sich auf dem Wasser – »Gabriele« lässt sich gerade noch erahnen.

Die übergroßen, rot leuchtenden Metallbuchstaben scheinen auf dem Wasser zu schweben.

Die Blüten Afrikas

Bronzene Blüten sind die Elemente dieses Brunnens. Das Wasser stellt eine natürliche Verbindung zu den Steinen her.

Über einem Kiesbett und zwei großen, liegenden Steinen erheben sich sechs bronzene Blütenköpfe und Fruchtstände, aus denen Wasser sprudelt. Ehe das Wasser im Untergrund versickert und unsichtbar wird, hinterlässt es feine Spuren auf Steinen und Kies, indem es ihre Farben vertieft und ihnen einen glänzenden Überzug verleiht.

Die Blütenformen sind stilisiert und lassen doch verschiedene Entwicklungsstadien erkennen. Eine Knospe scheint sich gerade eben erst zu entfalten, eine andere, einem Korbblütler ähnliche Blüte ist schon weit geöffnet. Unwillkürlich erwartet man, dass diese Blüte einen zarten Duft verströmt und vielleicht Insekten anlockt. Statt dessen bahnt sich Wasser aus ihrem Inneren seinen Weg. Eine dritte hat die Form einer ausgereiften Mohnkapsel, sie verstreut jedoch keine runden Samenkörner auf dem Boden, sondern ist von einer kleinen Wasserfontäne gekrönt. Noch halb geschlossene Knospen erwecken den Eindruck, als könne sich Regenwasser oder Tau in ihnen sammeln. So wirkt es beinahe irritierend, dass das Wasser einen umgekehrten Weg nimmt und aus den schmalen Öffnungen der Knospe zu Boden fällt.

Gisela Eufer hat ihre Plastik *Kleiner Kontinent/Afrika* genannt.

Die bronzenen Blüten stehen vereinzelt und isoliert von Blättern oder anderen Pflanzen, doch die Künstlerin setzt das Element Wasser als Bindeglied ein, um die stilisierten Blumen in ihre fremde Umgebung einzubetten. So sind sie wie von Wasser umschlossene Inseln.

Die kleinen Kiesel schimmern unter dem Wasserfilm weiß, ockergelb, braun und braunrot. Als Kontinente definiert die Künstlerin die großen, flachen Steine, die diesen Brunnen einrahmen und für seinen optischen Zusammenhalt und seine ruhige Ausstrahlung sorgen. Sie werden nur teilweise von dem Wasser benetzt, und so verwandelt sich ihr mattes Grau an einigen scharf umrissenen Stellen in ein kräftiges Anthrazit, in vom Wasser umspielte Uferlinien. Je glatter die Oberfläche, desto eher entsteht ein leichter Wasserfilm auf den Steinen, der ihnen schon bei leichtem Sonnenschein einen geheimnisvollen Schimmer verleiht.

Meer, Regen und Bronze

In dem kleinen Ort St. Ives an der Küste Cornwalls befindet sich im ehemaligen Wohnhaus und Atelier der bekannten englischen Bildhauerin Barbara Hepworth ein Museum mit Skulpturengarten. Hier hat der Besucher die faszinierende Möglichkeit, die unterschiedliche Wirkung ihrer Skulpturen im Innen- und im Außenraum zu betrachten und zu vergleichen.

Nachdem Barbara Hepworth London 1939 aus Angst vor einer Bombardierung verließ, fand sie in St. Ives eine neue Heimat, die auch ihre künstlerische Arbeit prägte. Die Landschaft mit der zerklüfteten Küste, dem Licht, dem Meer und den alten keltischen Kultstätten war eine reiche Inspirationsquelle. Während sich die Künstlerin in ihren frühen Jahren hauptsächlich mit der einfachen, aufrechten Form auseinandersetzte, schuf sie später auch mehrteilige, manchmal begehbare Skulpturen.

Viele ihrer Bronzen im Garten verleiten dazu, sie zu berühren, sie zu betreten oder sich den Öffnungen zu nähern, um die Pflanzen, die von ihnen eingerahmt werden, genauer zu betrachten. In Barbara Hepworths späteren Arbeiten finden wir häufig runde oder ovale, umschließende, fast sphärische Formen mit Vertiefungen, Höhlungen oder runden Durchbrüchen. Für die Betrachter werden sie zu Durchblicken, die dahinter Verborgenes entdecken lassen.

Die Dimension der Tiefe und die Bedeutung des Raumes innerhalb einer Skulptur rückten für die Künstlerin zunehmend ins Zentrum ihres Schaffens. Die große, ovale, fast schalenförmige Bronze, über der sich in der Gegenbewegung ein Dach zu wölben scheint, spielt mit einfachen, sich wiederholenden Formen, besonders aber mit den optischen Effekten von Höhlungen und Schatten. In der unteren Schale kann sich Regenwasser sammeln und durch die Reflexion der einfallenden Sonnenstrahlen zarte Lichtmuster auf die obere Wölbung zaubern. Der Besucher ist versucht, mit dem Wasser zu spielen, die Lichteffekte durch Bewegung des Wassers zu verändern und selbst neue Muster zu erschaffen. Durch kreisrunde Öffnungen wird der Blick auf Pflanzendetails gelenkt, wie die strahlend weißen Margeritenblüten oder die gefiederten Blätter von Astilben, über die sich die noch geschlossenen Blütenstände erheben.

Die türkisfarbene Patina auf der Innenseite der Plastik lässt an die Farbe des Meeres bei Sonnenschein denken, die Höhlungen erinnern an die unergründliche Tiefe des Meeres.

Blick in den Garten: Eine alte Steinbrücke quert den Bachlauf, im Hintergrund eine Bronze, umspielt von Bambus.

Oben: Küstenformation in Cornwall – eine unerschöpfliche Inspirationsquelle für Barbara Hepworth.

Unten: Das Regenwasser sammelt sich in der halboffenen, schalenförmigen Bronze, es animiert zum Spielen. Durchbrüche erlauben einen Blick auf die Pflanzen im Hintergrund.

Wasserkiste

Die Museumsinsel Hombroich bietet mit der rekultivierten Auenlandschaft und einem alten, romantischen Gartenbereich einen interessanten Rahmen für verschiedene Kunstwerke.

Zu den ausgestellten Exponaten zählen Werke aus Stein und Metall des Bildhauers und Architekten Erwin Heerich. Besonders überraschend ist eine kleine, fast versteckte Arbeit. An einem Teich plätschert Wasser aus einer metallenen, schräg gestellten Kiste. Die Form dieses Wasserspiels ist ungewohnt, weckt auf den ersten Blick Assoziationen an eine Holzkiste oder einen großen Pappkarton. Doch diese Gedanken widersprechen den Eigenschaften des Wassers, denn beide Materialien sind eigentlich wenig geeignet, Flüssigkeiten zu halten.

Das Wasser würde langsam durch die Nähte einer Holzkiste sickern, nach geraumer Zeit das Holz aufquellen lassen und sie so nur notdürftig abdichten. Doch selbst unter diesem Aspekt wirkt die Form des Würfels irritierend, taucht vor dem inneren Auge doch eher das vertraute Bild eines Fasses auf.

Und ein Pappkarton wäre für ein Wasserspiel völlig ungeeignet, denn er würde sich schon nach kurzer Zeit völlig auflösen und den Brunnen verschwinden lassen.

Heerich hat der romantischen, naturnahen Gartenumgebung bewusst die strenge Gestalt eines Würfels gegenübergestellt. Betrachtet man den Brunnen als isoliertes Kunstwerk, wirkt er in seiner Form fast wie ein Fremdkörper. In dieser idyllischen Umgebung bildet er jedoch einen spannungsvollen Gegenpol und steht auch im Einklang mit dem Grundgedanken der Museumsinsel: die Begegnung verschiedener Künste und Stile.

Heerich wählte für sein Werk das moderne Material des Corten-Stahls, aus dem sich auch geometrische Körper erschaffen lassen. Einen Gegensatz zur äußeren Form bildet das Innere des Würfels: Es ist als halbkreisförmige Schale gestaltet, in der sich das Wasser zunächst sammeln kann, ehe es in einem breiten Schwall über die Kante in den Teich fließt. Die gekippte Stellung der »Wasserkiste« suggeriert eine ständige, kräftige Bewegung. Auch wenn die Form für einen Brunnen ungewöhnlich ist, versöhnt uns das vertraute Geräusch des fallenden Wassers mit den optischen Irritationen.

Ein quadratischer Brunnen aus Stahl von Erwin Heerich im alten Garten der Museumsinsel Hoimbroich.

Morbide Blüten

Beim Näherkommen entpuppen sie sich als Rosetten aus Gummihandschuhen.

In der direkten Umgebung des Barkenhoff in Worpswede, der Wirkungsstätte von Vogeler und Modersohn, führt ein Spazierweg durch ein kleines Wäldchen und dann hinunter zu einem Teich, der in einer Senke liegt. Von dem kleinen Waldweg fällt der Blick an Baumstämmen vorbei auf die Wasserfläche, die von Entenflott, Algen und dem sich spiegelnden Laub der Bäume grün schimmert. Wo die Oberfläche frei ist, hat das Wasser ein tiefes Schwarzbraun.

Auf dem dunklen Wasser leuchten plötzlich rosafarbene Rosetten auf, die auf der Wasseroberfläche schwimmen und lebhafte Akzente setzen. Die romantische Umgebung und die süßlich-zarte Farbe lassen unwillkürlich an die Seerosen im Garten von Monet denken. Doch ist die Farbe der Blüten etwas ungewöhnlich, und es fehlen die typischen runden, fast herzförmigen, glänzenden Blätter.

Um die Blüten aus der Nähe zu betrachten, arbeitet man sich mühsam dichter an das Ufer des Teiches heran. Doch mit jedem Schritt wird das Rosa noch ein wenig unwirklicher und künstlicher. Die Farbe irritiert in dieser Umgebung – und ist uns doch aus anderen Zusammenhängen merkwürdig vertraut. Die vermeintlichen Blütenblätter laufen auch nicht spitz zu, sondern sind eher länglich und mit einem runden Abschluss. Einige Blüten scheinen flach auseinanderzufallen, als würden sie sich langsam auflösen. Doch schließlich ist das Rätsel gelöst: Ping Qius hat rosafarbene Gummihandschuhe zu mehreren Rosetten zusammengebunden. Die mit Luft gefüllten Finger bilden die einzelnen Blütenblätter und lassen die vermeintliche Seerose auf dem Teich schwimmen. Das Bild, das aus der Ferne noch sehr poetisch wirkte, flößt dem Betrachter bei näherem Hinsehen ganz unvermittelt ein beunruhigendes Gefühl ein: aus der Nähe wirken die »Fingerblüten« wie Hände von Ertrinkenden, die in dem schwarzen Moorwasser versinken.

Die Farbe scheint vertraut, und doch haben diese Seerosen auf dem Wasser etwas Merkwürdiges.

Überschäumende Romantik

Viele wichtige Entwicklungen der Bildhauerei begannen bereits um 1900 mit der Klassischen Moderne. Surrealismus, Konstruktivismus und Abstraktion beeinflussten auch die Bildhauerei.

Marcel Duchamp hat bereits in den zwanziger Jahren des vorigen Jahrhunderts die Kunstwelt mit seinen »Ready-mades« schockiert. Provokant stellte er einen Flaschenständer in einem musealen Raum aus und deklarierte ihn zum Kunstwerk. Industriell gefertigte Produkte wurden aus ihrem Bestimmungszusammenhang gerissen und zu eigenständigen ästhetischen Objekten erklärt.

Mit industriellen Massenprodukten spielt auch der Engländer David Mach in seinen Plastiken, seien es nun Zeitschriften, Gummireifen oder Kleiderbügel.

Mit der 1996 entstandenen Gartenurne, die er für den Skulpturenpark von Goodwood entwarf, persifliert er die Nachbildungen von Urnen und Vasen, die heute in jedem Gartencenter zu finden sind. In relativ kurzer Zeit sind diese Nachbildungen zu einem preiswerten Massenprodukt geworden. Sie werden als Sinnbild für Romantik im Garten verstanden, wirken aber allzu häufig kitschig oder banal.

Für die Arbeit von David Mach stand eine alte Gartenurne Modell. Der Park von Goodwood als Ausstellungsraum inspirierte den Künstler, in einem größeren Maßstab zu arbeiten. Die prächtige Urne erhebt sich 2,50 m über dem Erdboden und scheint in ihrer Form bis ins kleinste Detail perfekt. Übergroß und ebenso zart wie die glänzenden Bambusblätter schimmert sie in der grünen Umgebung silbrig durchscheinend.

Aus der Ferne ist kaum zu erkennen, wie und aus welchem Material sie gefertigt wurde. Tritt man näher, erkennt man überrascht, dass Tausende von galvanisierten Drahtkleiderbügeln, ein Wegwerfprodukt unserer Gesellschaft, übereinander geschichtet und in die äußere Form einer ehemals wertvollen, antiken Gartenurne gebracht wurden. Die runden Haken zeigen nach außen, und schon zaghafte Sonnenstrahlen geben der Plastik einen kostbaren Glanz, als sei sie von einem Lichtkranz umgeben. Die Form entspricht exakt ihrem antiken Vorbild, die Größe und das Material irritieren jedoch und gehen in ironischer und humorvoller Weise mit dem häufig missverstandenen Thema Gartenromantik um.

Eingerahmt von den feinen Blättern des Bambus schimmert die überdimensionierte Gartenurne, als sei sie von einem Lichtkranz umgeben.

Genau und aus der Nähe betrachtet, erkennt man die übereinander geschichteten und gelöteten Haken der Kleiderbügel.

Tanzende Lichtpunkte

Die Glaskerne leuchten durch das eingefangene Sonnenlicht, alles andere bleibt matt und zurückhaltend.

Die Glasspiegel von Klaus Hilsenbrecher schwimmen hell und bewegt auf dem Wasser.

Im Garten einer Galerie in Munster steht am Ufer des Flüsschens Örtze eine Plastik von Helga Reay-Young, in der die geometrischen Formen von Rechteck, Quader und Kreis zu einem nuancenreichen Ganzen vereint sind.

Starr, aufrecht und architektonisch ragt die Plastik über dem Wasser auf, das durch seine leichte Bewegung einen dezenten Kontrast setzt. Der untere Teil, ein geschlossener Korpus aus Corten-Stahl, wirkt wie ein Sockel für zahlreiche, kleine Kreisflächen, die von einem breiten, rostigbraunen Stahlband zu einem kantigen Block zusammengefasst werden.

Die kleinen Kreise bestehen aus zwei unterschiedlichen Materialien: Es sind die Schnittflächen von kleinen Ästen und von Glaskernen. Die zylindrischen Formen, mit äußerst glattem Schnitt auf einheitliche Länge zurechtgesägt, sind ordentlich übereinandergelegt. Man gewinnt den Eindruck, dass die Hölzer farblich sortiert sind, beginnend mit einem sanften Grau-Ocker bis hin zu einem intensiveren Braun-Anthrazit. Dadurch erhält diese Installation trotz ihrer äußerlich strengen Form einen leichten, lebendigen Rhythmus.

Helga Reay-Young gab ihrer Plastik den Titel *The importance of light II.* Die sanft zurückhaltenden Farbtöne des Holzes stehen in einem spannungsvollen Kontrast zu den glatten, glänzenden Glaskreisen, die selbst die schwächsten Sonnenstrahlen einfangen. Wie Lichtpunkte aus Glas setzen sie zwischen den matten Holztönen lebendige Akzente und bringen den Rhythmus der Holzstrukturen in Bewegung. Die glitzernden Punkte beginnen vor den Augen zu schweben oder gar zu tanzen und lassen die Plastik lebendig werden.

Zarte Lichtreflexe auf dem Bachlauf und die Bewegung des Wassers tun ihren Teil dazu, dass diese Plastik ihren auf den ersten Blick eher statischen und architektonischen Aspekt verliert und leichte, spielerische Elemente in den Vordergrund treten.

Auf dem fließenden Wasser im Hintergrund glitzern, wie zur Ergänzung des Gesamtbildes, gläserne Quadrate in einem leichten Auf und Ab. Auch diese *Wasser-Spiegel* von Klaus Hilsbecher machen die charakteristische Eigenschaften des Materials und die Bedeutung des Lichtes für das Erleben dieser Kunstobjekte deutlich.

Zeitkreise

Die verschiedenen Kreise von innen nach außen: Kirschlorbeer, Steine und Olivenbäume.

Das landwirtschaftlich genutzte Außengelände der Fattoria di Celle hat mit seinen sanften Hügeln, Olivenbäumen, Wiesen und Weinreben eine friedliche Ausstrahlung. In dieser Umgebung wählte Alan Sonfist einen kleinen Hügel als Platz für das lebendige und sich ständig verändernde Kunstwerk *Circles Of Time*. Es ist ein Natur-Kunstwerk, das sich mit der alten Kulturlandschaft unter Aspekten von Zeit, Natur, Kultur, Kunst und Veränderung auseinandersetzt.

Inspiriert von einem Ring aus Olivenbäumen, der den Hügel bereits umgab, wählte Sonfist für seine Arbeit die Grundform des Kreises, den er in verschiedene Ringe gliederte. Gemeinsam mit dem äußersten Ring des Kunstwerkes, einem Weizenkreis, der alljährlich neu gesät und auch geerntet wird, symbolisieren die Olivenbäume die landwirtschaftliche Nutzung. Zur Mitte hin schließt sich ein Ring aus Steinen an, die Alan Sonfist von den Feldern und Hügeln zusammengetragen hat. Wie ein Mosaik hat er den Steinkreis flach auf dem Boden ausgelegt, doch die letzten Jahre haben schon ihre Spuren hinterlassen. Er ist poröser und brüchiger geworden und wird vielleicht eines Tages ganz in der Erde verschwinden. Wie der Zyklus der Ernte betont auch die Auflösung des Steinkreises den Aspekt der Zeit, des Neubeginns und der Vergänglichkeit.

Im Inneren des Natur-Kunstwerkes erhebt sich ein Ring aus scheinbar undurchdringlichem Kirschlorbeer. Diese Pflanzung wirkt sehr kompakt und geschlossen, als berge sie einen Schatz. Doch wer den Ring umrundet, findet eine Lücke und kann hindurchschlüpfen. Der vermutete Schatz im Inneren des Kirschlorbeer-Ringes besteht aus zarten und filigranen, knorrigen und sparrigen Ästen in einem markanten Türkisgrün, das an die Patina kupferner Oberflächen erinnert. Alan Sonfist hat alte, abgestorbene Astteile in der Umgebung gesammelt, sie als Bronzen gießen lassen und ringförmig aufgestellt. Sie bilden einen lebhaften Kontrast zu dem glänzenden Grün des Kirschlorbeers, der angesichts der feinen Bronzeäste besonders kompakt und dicht wirkt. Andererseits erscheinen auch die Bronzeäste vor den vitalen Pflanzen noch zarter und zerbrechlicher. Und wären sie nicht in Bronze gegossen, wären sie sicher schon lange zerfallen.

Der letzte, zentrale Kreis dieser Naturinstallation ist so dicht mit einheimischen Sträuchern bepflanzt, dass die Menschen sich einmal nicht in den Mittelpunkt stellen können.

Die zarten Bronzeäste vor einer dichten Kirschlorbeer-Hecke.

Eine Rose ist eine Rose

Aus den zurückhaltenden Grüntönen der ländlichen Umgebung schiebt sich das kräftige Rosa in den Vordergrund.

In süßlichem Rosa öffnen sich die Blätter einer übergroßen Rosenblüte. Sie wirkt reif, sie steht kurz vor dem Verblühen. Die unzähligen Blütenblätter aus rosa bemaltem Fiberglas breiten sich über etwa drei Meter aus und wölben sich eineinhalb Meter aus dem Gras heraus.

Ausmaß und das Material der Blüte machen sie zu einer künstlichen Erscheinung in der ländlichen Umgebung des Künstlerinnenhofes *Die Höge*. Eine ehemalige Scheune, mit Holz verkleidet und in mattem Grün gestrichen, liefert den zurückhaltenden Hintergrund für die unechte Blüte. Sein Widerspruch macht den Reiz des Kunstwerkes von Ursula Barwitzki aus.

Die Farbe der Blüte ist für viele der Inbegriff von Kitsch. Doch nomen est omen und so wählte Ursula Barwitzki bewusst die Farbe Rosa aus. Liebe und Romantik symbolisiert die Rose und mit betörenden Düften wird sie assoziiert, doch in dieser Darstellung wird sie allein auf ihre süßliche Farbe und langsam vergehende Blüte reduziert: Ihr fehlen die Stacheln, sie ist nicht stattlich wie ein Gehölz, nur die Rosenblüte ist von der großartigen Pflanze geblieben. Schwer liegt der Blütenkopf im Gras und droht darin zu versinken. Rosen gehören in Gärten ebenso wie *Phlox* oder Rittersporn. Doch hier, auf dem ehemaligen Bauernhof, wirkt die Blüte fehl am Platze, wie ein Erinnerungsstück wurde sie als Hinweis auf eine andere Zeit abgelegt.

Das häufig romantisch verklärte Landleben und die oft strapazierte Symbolik der Rose werden mit einem Anflug von Ironie verspottet. Die Künstlerin nutzt dazu Klischees ohne sie zu verdammen, der Titel *Rose for Rose* macht dies noch einmal deutlich: Die Wahl der dem Blumennamen angelehnten Farbe, die distanzschaffende Größe und Beschaffenheit einer Rose. Schließlich tritt man vom Kunstwerk zurück und erkennt, was man aus der Nähe nicht begreift – eine Rosenblüte.

Im April 2000 hat die Rose ihren vertrauten Gartenstandort verlassen und steht nun im öffentlichen Raum auf dem Bremer Bahnhofsvorplatz. Umbaut mit einer Pyramide aus Plexiglas wirkt sie verloren. Der neu hinzugefügte Text: »*A Rose for Graceland is a Rose for Elvis*« lässt eine Reihe neuer Assoziationen aufkommen: Eine verlockend schöne Erinnerung und eine Hommage an Elvis Presley. Wenn Gegenwart von Wehmut überschattet wird, hilft der bittersüßer Elvis-Presley-Song: »*It's now or never …*«

Einladung

Wie ein Ausrufezeichen markiert der Holzbalken den Übergang von der Wiese zum Wasser. Siebe lassen auf der Wasseroberfläche ein Muster entstehen.

Im Hotzenwald, im südlichen Schwarzwald, arbeiteten über einhundert Gärtner und Gärtnerinnen seit Sommer 2000 an dem Projekt *BoGart*, dem *Botanischen Garten Südschwarzwald*, der Ende Juni 2001 der Öffentlichkeit übergeben wurde.

Zu entdecken sind verschiedene natürliche Lebensräume wie z.B. Magerwiesen, Sumpfwiesen, Hochstaudengesellschaften. Aber auch beliebte gärtnerische Themen wie beispielsweise Bauerngärten werden vorgestellt.

Darüber hinaus sind noch einige Arbeiten eines Kunstprojektes zu entdecken, das im Sommer 2000 unter der Leitung von Werner Henkel durchgeführt wurde. Die Idee war, sich auf den Ort ganz und gar einzulassen, sich von dem Vorgefundenen inspirieren zu lassen und mit natürlichen Materialien zu gestalten. Es ging zunächst darum, Plätze zu finden, die Übergänge, Grenzen oder besondere Eingänge zu den verschiedenen Garten- und Lebensbereichen im *Botanischen Garten Südschwarzwald* darstellen.

Einen solchen Ort fand Ulrich Lehmann auf einer höher gelegenen Wiese an dem vorhandenen Teich. Er schuf einen einladenden, ruhigen Platz, von dem das Geschehen am Wasser gut beobachtet werden kann. Zuerst betritt man einen kleinen mit Kalkschotter bedeckten Platz. Ein großer Stein markiert den Zugang. Dazu steht als Pendant auf der rechten Seite ein alter Holzpfosten. Das Holz ist mit einer kleinen Öffnung versehen, in einem Hohlraum darunter kann sich das Wasser sammeln. Ein flacher Stein dazwischen, im Boden verlegt, suggeriert die Schwelle zum »Lebens-Raum« Wasser.

Die gemeine Teichsimse, Sumpf-Iris und der Wasserdost stehen in den feuchten Randbereichen des Teiches. Große Flächen der Wasseroberfläche schimmern im hellen Grün der Wasserlinsen. Hier und da zeigt sich überraschenderweise eine dunklere, von Wasserlinsen freie, kreisrunde Fläche. Ulrich Lehmann hat hier das Wasser sichtbar gemacht, in dem er alte Siebe mit einem Holzrahmen auf dem Wasser schwimmen lässt. Vorsichtig hat er die kleinen runden *Lemna* innerhalb der Siebe entfernt und so neue Formen und Farben auf dem Wasser entstehen lassen. Der Wind lässt die Siebe geräuschlos über den Teich gleiten.

Klingende Poesie

Wie ein Raster spiegelt sich das Dach auf der Wasseroberfläche und bildet so einen reizvollen Kontrast zu den kreisrunden Formen der Glasschalen und Blätter.

Ein gläsernes Gewächshaus im Botanischen Garten Bonn bildete die Kulisse für eine Installation des Künstlers Werner Henkel, der in seiner sehr vielfältigen Arbeiten immer einen Bezug zur Natur sucht. Bezeichnenderweise nennt er seine künstlerischen Aktivitäten *Naturarte* – er sucht das Zwiegespräch von Natur und Kunst. Er erkundet Natur- oder Kulturlandschaft, versucht die Ausdrucksweise dieser Landschaften zu verstehen und in einen Dialog zu treten.

Ein Glashaus bietet in einem Garten empfindlichen Pflanzen Schutz. Gefiltertes Licht und gedämpfte Geräusche sorgen für eine fast andächtige Stimmung. Wer ertappt sich nicht dabei, dort in einen Flüsterton zu verfallen? Eine solche Atmosphäre inspirierte Werner Henkel zu einer Kunstaktion, die von Poesie geprägt ist. Einfache Glasschalen in unterschiedlichen Größen setzte er zu Hunderten in ein mit Seerosen bepflanztes Wasserbecken.

Die Charaktere der verschiedenen Materialien werden in seinen Arbeiten deutlich. Die gewölbte Dessertschale ist leicht ins Wasser eingesunken und schwimmt – die Luft in der Schale verhindert, dass sie sinkt. Durch das transparente Glas kann die Oberflächenspannung und die Verdrängung des Wassers beobachtet werden.

Die Umgebung spiegelt sich auf der Wasseroberfläche und auf der Schalenoberfläche. Der Lichteinfall setzt dabei besondere Akzente. Einmal bricht sich der Lichtstrahl am Rand der Schalen und zeichnet so zarte, geschwungene Linien. Ein anderes Mal kommt die Tiefe der schwimmenden Gefäße zum Ausdruck, da das Licht am Boden der Schalen eingefangen wird.

Kreisförmige, auf dem Wasser schwimmende Formen bestimmen das Bild. Die runden Blätter der Seerosen entsprechen der Form der Glasgefäße. Die ausladenden Blätter von *Victoria amazonica* mit ihrem senkrecht aufgestellten Rand wirken wie geräumige, schwimmende Tabletts, die auch andere Materialien aufnehmen könnten.

Die Wasserlinsen zeigen en miniature eine weitere Spielart der runden Formen. Sie sammeln sich am Rand der Blätter und Glasschalen und schaffen auf diese Weise Farbeffekte auf der Wasseroberfläche.

Konzentrische Kreise entstehen auf der Oberfläche, wenn das Wasser an einer Stelle des Beckens in Bewegung gerät. Die dynamische Bewegung verändert das Bild und birgt ein neues Ereignis: Die Glasschalen berühren sich und bringen einander zum Klingen.

Verzeichnisse

Adressen

Belgien

Park Middelheim, Openluchtmuseum voor Beeldhouwkunst. Middelheim, Middelheimlaan 61, B-2020 Antwerpen. Tel.: 0032-3-8271534, 0032-3-8281350, Fax: 0032–3–8252835, E-Mail: middel- heimopenluchtmuseum@cs. antwerpen.be. Öffnungszeiten: Täglich außer Montag, von Oktober bis Ende März von 10.00 Uhr bis 17.00 Uhr, im April und September von 10.00 Uhr bis 19.00 Uhr, von Mai bis August von 10.00 Uhr bis 20.00 Uhr. Der Park ist an den folgenden Tagen geschlossen: 1. und 2. Januar, 1. Mai., 1. und 2. November, 25. und 26. Dezember. Infos im Internet unter www.dma.be/ cultuur/museum middelheim.

Deutschland

4. Internationale Ausstellung Glasplastik und Garten. Referat Schule und Kultur der Stadt Munster. Rathaus, 29633 Munster. Tel.: 05192–130240, Fax: 05192–130215, E-Mail: stadtverwaltung@munster.de. Die 4. Internationale Ausstellung Glasplastik und Garten wird vom 7. Juni bis 7. Juli 2002 in Gärten und öffentlichen Anlagen im Zentrum der Stadt Munster veranstaltet.

Barkenhoff-Stiftung. Ostendorfer Straße 10, 27726 Worpswede. Tel.: 04792–3968 oder 04791–930205, Fax:04791–930358, E-Mail: www.worpswede.de/museum/ museum2.
BoGart. Botanischer Garten Südschwarzwald, 79737 Herrischried.

Botanischer Garten Bonn. Botanischer Garten der Friedrich-Wilhelms-Universität Bonn. Meckenheimer Allee 171, 53115 Bonn. Tel.: 0228–73–2259 oder 0228–73–5523, Fax: 0228–73–9058. E-Mail: botgart@uni-bonn.de. Öffnungszeiten: Ganzjährig von Montag bis Freitag von 9.00 Uhr bis 16.00 Uhr, die Gewächshäuser haben von 10.00 Uhr bis 12.00 Uhr und von 14.00 Uhr bis 16.00 Uhr geöffnet. Informationen erhalten Sie im Internet unter www.botanik. uni-bonn.de/botgart/home.htm. Die Skulpturen sind leider nicht mehr zu sehen.

Gartengalerie Klosterkielhof. Beim Klosterkiel, 27798 Hude, Ortsteil Wüsting. Tel.: 04484–671. Öffnungszeiten: Vier Wochen in der Zeit von Mai bis Juni, jeweils Mittwoch, Samstag/Sonntag von 11.00 bis 18.00h.

Der große Alb-Gang. Veranstalter: Naturschutzzentrum Schopflocher Alb und Landkreis Esslingen. Die Skulpturen sind leider nicht mehr zwischen den Orten Schopfloch und Ochsenwang zu sehen.

KünstlerGärten, Villa Haar. Dichterweg 2a, 99425 Weimar. Tel.: 03643–83540, Fax: 03643–835423. Infos im Internet unter www.stiftunghaar.de/Gartenanlage oder www.uni-weimar.de. Voranmeldung erbeten! Die Anlage ist vom Park an der Ilm aus zugänglich.

Künstlerinnenhof ›Die Höge‹. Högenhausen 2, 27211 Bassum. Tel.: 04249–1377, Fax: 04249–1332, E-mail: Hoege@t-online.de. Infos im Internet unter www.hoege.org. Voranmeldung erbeten! Bitte achten Sie auf Hinweise in der Tagespresse, ein Veranstaltungskalender kann angefordert werden.

KunstNaturLandschaft. Gärten der Sinne e.V., Bergstr. 31, 15926 Gehren, Niederlausitz. Tel./Fax: 035455–3887, E-Mail: info@gaertendersinne.de. **Öffnungszeiten:** 30. April bis 31. Oktober von 11.00 Uhr bis Sonnenuntergang. Montags geschlossen. Infos im Internet unter www.gaertendersinne.de.

Museumsinsel Hombroich. Stiftung Insel Hombroich, Insel Hombroich, 41472 Neuss. Tel./Fax: 02182–1229, E-Mail: stiftung@inselhombroich.de. **Öffnungszeiten:** Täglich, von Februar bis Ende März 10.00 Uhr bis 17.00 Uhr, von April bis Ende September 10.00 Uhr bis 19.00 Uhr, der Park ist im Sommer bis 21.00 Uhr geöffnet und im Oktober von 10 00 Uhr bis 18.00 Uhr. Von Dezember bis Ende Januar bleibt die Museumsinsel geschlossen. Infos im Internet unter www.inselhombroich.de.

Steine an der Grenze – Symposionsweg. Auf den Saargauhöhen zwischen Büdingen (D) und Launstroff (F) Zufahrt über A 8 Richtung Merzig, dann B 406 bis Ortsanfang Welingen, dann ausgeschildert. Oder von Merzig-Hilbringen Richtung Waldwisse bis ehem. Zollübergang Silwingen rechts, dann ausgeschildert. Oder B 406 weiter bis Büdingen durch den Ort, dann ausgeschildert (7 km). Von Frankreich über Launstroff oder Scheuerwald, dann ausgeschildert: *Menhirs de l'Europe.*

Privatgärten in Oldenburg, Delmenhorst, Bremen, München.
Landschaften: Expo 2000, Weyerberg, Worpswede.

Großbritannien

Barbara Hepworth Museum & Sculpture Garden. Barnoon Hill, St. Ives, TR26 1TG Cornwall. Tel.: 0044(0)1736–79 62–26, Fax: 0044(0)1736–79 44 80. **Öffnungszeiten:** Ganzjährig von Dienstag bis Sonntag von 10.30 Uhr bis 17.30 Uhr, im Juli und August auch montags von 10.30 Uhr bis 17.30 Uhr.

Derek Jarman's Garden. Dungeness, Kent, zw. Folkstone und Hastings direkt an der Küste von Dungeness, östlich vom Leuchtturm/Atomkraftwerk, Garten frei zugänglich.

Marle Place Garden. Brenchley, Near Tonbridge, TN12 7HS Kent. Tel.: 0044(0)1892–722304, Fax: 0044(0)1892–724099. **Öffnungszeiten:** Ab Ostern oder 1. April bis 31.Oktober, täglich von 9 Uhr bis 17.00 Uhr.

Sculpture at Goodwood. Goodwood, West Sussex PO18 OQP. Tel.: 0044(0) 1243-538449, Fax: 0044(0)1243-531853, E-Mail: w@sculpture.org.uk. **Öffnungszeiten:** Von März bis Oktober, jeweils Donnerstag, Freitag und Samstag von 10.30 Uhr bis 16.30 Uhr. Infos im Internet unter www.sculpture.org.uk.

Landschaften: Dumfrieshire, Schottland (Moore, Rodin). Beachy Head, Sussex.

Italien

Fattoria di Celle. 51030 Santomato, Pistoia. Tel.: 0033(0)573–479907, Fax: 0033(0)573–479486. Voranmeldung erbeten!

Giardino dei Tarocchi. Località Garavicchio, 58011 Capalbio (GR.). Tel.: 0033(0)564–895122, Fax: 0033(0)564–895700. **Öffnungszeiten:** Vom 15. Mai bis 23. Oktober von Montag bis Samstag, 14.30 Uhr bis 19.30 Uhr.
In der Zeit vom 1. November bis 9. Mai nur Gruppen ab 15 Personen und nach Voranmeldung.

Giardino di Daniel Spoerri, ›Hic terminus Haeret‹. Seggiano, Provinz Grosseto. Tel./Fax: 0033(0)564–950457. **Öffnungszeiten:** 15. Juli bis 31. Oktober, ab 16.00 Uhr bis Sonnenuntergang. Montags geschlossen. Infos im Internet unter www.danielspoerri.org.

Kanada:

Museum of Anthropology. University of British Columbia, 6393 North-West Marine Drive, Vancouver. Tel.: 001–604–822–5087. **Öffnungszeiten:** Täglich von 11 Uhr bis 17 Uhr; Dienstag nur bis 21 Uhr.

Niederlande

Garten und Gärtnerei Piet Oudolf. Broekstraat 17, NL-6999 DE Hummelo. Tel.: 0031(0)314–381 120. **Öffnungszeiten:** Ganzjährig von Dienstag bis Samstag von 10.00 Uhr bis 16.00 Uhr.

Mien Ruys Tuinen. Moerheimstraat 78, NL-7701 CG Dedemsvaart.
Tel.: 0031(0)523–614774,
Fax: 0031(0)523–617140
E-Mail: tuinen@mienruys.nl. **Öffnungszeiten:** 1. April bis 31. Oktober, Montag bis Samstag von 10 Uhr bis 17.00 Uhr, am Sonntag von 13 Uhr bis 17.00 Uhr geöffnet. Infos im Internet unter www.mienruys.nl.

Portugal

Estufa Fria. Parque Eduardo VII, Lissabon. **Öffnungszeiten:** Täglich von 9.00 Uhr bis 17.00 Uhr, geschlossen am 1. Januar, 25. April, 1. Mai und am 25. Dezember.

Spanien

Parc Güell. Haupteingang: Carrer d'Olot s/n Caní de Can Mora, Barcelona; im Nordwesten der Stadt. **Öffnungszeiten:** Täglich von Mai bis August von 10.00 Uhr bis 21.00 Uhr, im April und September von 10.00 Uhr bis 20.00 Uhr, im März und Oktober von 10.00 Uhr bis 19.00 Uhr, von November bis Februar von 10.00 Uhr bis 18.00 Uhr. Weitere Infos unter Institut Municipal de Parcs i Jardins, Tel.: 0034(0)934–132400.

Landschaften: El Hierro, Islas Canarias.

Künstler und Künstlerinnen

Literatur

Archivi Di Arte Contemporanea: Art in Arcadia. The Gori Collection. Umberto Allemandi & C., Turin 1994.

BERG, JÖRG; KARIN VAN DEN (HRSG.): Im Tal, Kunst im Dialog mit Kunst und Natur. Verlag pict.im., Duisburg/Berlin 1999.

BISGROVE, RICHARD: Die Gärten der Gertrude Jekyll. Verlag Eugen Ulmer, Stuttgart 1994

COLLINS, KEITH (Ed.): Derek Jarman, Smiling in Slow Motion. Century Random House, London 2000.

DIWERSY, ALFRED: Steine an der Grenze, Die Skulpturenlandschaft des Saargaus. Gollenstein Verlag, Blieskastel 1996.

JARMAN, DEREK: Derek Jarmans Garten. Verlag Volk und Welt, Berlin 1996.

NEMITZ, BARBARA (Hrsg.): trans'plant, Living Vegetation in Contemporary Art. Verlag Hatje Cantz, Ostfildern 2000.

FESTING, SALLY: Barbara Hepworth. Penguin, London 1996.

MAZZANTI, ANNA (Hrsg.): Il Giardino di Daniel Spoerri. Gli Ori – Machietto & Musolino, Florenz 1999.

OUDOLF, PIET; KINGBURY, NOEL: Neues Gartendesign mit Stauden und Gräsern. Verlag Eugen Ulmer, Stuttgart 2000.

RUYS, MIEN: Mijn Tuinen. ›het Huis von Linneaus‹ (Verlag), Zutphen 1987.

SAINT PHALLE, NIKI DE: Der Tarot-Garten. Benteli-Verlag, Wabern/Bern 1999.

Stiftung Insel Hombroich (Hrsg.): Museum und Raketenstation. 2. Auflage Neuss 2000.

THIELE, CARMELA: Skulptur. DuMont, 2. Auflage Köln 1997.

Ausstellungen

4. Internationale Ausstellung Glasplastik und Garten. Kulturamt der Stadt Munster. Geplant vom 7. Juni bis 7. Juli 2002. Nähere Informationen erfragen Sie bitte beim Referat Schule und Kultur der Stadt Munster.

Kataloge

CURTIS, P.; WILKINSON, A.G.: Barbara Hepworth, A Retrospective. Tate Gallery Publishers, London 1994.

Gärten der Sinne e.V.: KunstNaturLandschaft. Eigenverlag, Gehren 1997. Zu beziehen bei Gärten der Sinne e.V.

Gärten der Sinne e.V.: KunstNaturLandschaft. Eigenverlag, Gehren 1998. Zu beziehen bei Gärten der Sinne e.V.

Landkreis Esslingen (Hrsg.): Der Große Alb-Gang, Skulpturen in der Natur, 2. Auflage, Sept. 1999; zu beziehen über den Landkreis Esslingen. Landkreis Esslingen, Kultur- und Schulamt, Pulverwiesen 11, 73726 Esslingen am Neckar

Landkreis Esslingen (Hrsg.): Der Große Alb-Gang im Wandel der Zeit, April 2000; zu beziehen über den Landkreis Esslingen.

KREMPEL, ULRICH (HRSG.): La Fête, Die Schenkung Niki de St. Phalle, Werke aus den Jahren 1952 bis 2001. Verlag Hatje Cantz, Ostfildern 2001.

Sculpture at Goodwood: British Contemporary Sculpture. Eigenverlag 96/97. Zu beziehen über Sculpure at Goodwood.

Sculpture at Goodwood: British Contemporary Sculpture. Eigenverlag 97/98. Zu beziehen über Sculpure at Goodwood.

Stadt Munster: 3. Internationale Ausstellung, Glasplastik und Garten, Munster. Vom 29.7. bis 3.9.2000, Stadt Munster, Kulturamt. Zu beziehen über das Referat Schule und Kultur der Stadt Munster, Rathaus, 29633 Munster. Tel.: 05192–130240, Fax: 05192–130215.

Register

Bildquellen

Claudia Krentz, Bremen: Seite 52 und 53.
Die Hoege, Bassum: Seite 148 und 149.
Werner Henkel, Bremen: Seite 152 und 153.
Bernd Löbach-Hinweiser, Braunschweig: Seite 152 und 153.
Alle übrigen Fotos stammen von der Autorin und Uwe Mädger.

Die Deutsche Bibliothek – CIP-Einheitsaufnahme
Hamann, Cordula:
Kunst im Garten/ Cordula Hamann.- Stuttgart (Hohenheim): Ulmer, 2001
ISBN 3-8001-3658-9

Wollgrasweg 41, 70599 Stuttgart (Hohenheim)
www.ulmer.de
Info@ulmer.de
Lektorat: Hermine Tasche, Wiebke Krabbe
Herstellung und DTP: Gabriele Wieczorek
Printed in Germany
Druck : Apprinta, Wemding
Buchbindung: Großbuchbinderei Monheim, Monheim

ISBN 3-8001-3658-9